JN202756

空中写真に遺された昭和の日本

戦災から復興へ

一般財団法人日本地図センター ◉編集

西日本編

創元社

装丁・造本　寺村隆史

目次

【凡例】

一、本書収録の都市の選択にあたっては、一般財団法人日本地図センターが収集した米国立公文書館所蔵米軍撮影空中写真中に、1945(昭和20)年前後の高精細空中写真が存在することを第一の基準とした。

一、本書で用いた地形図・空中写真の種別・来歴については、冒頭の解説（5〜7頁）を参照のこと。

一、地形段彩図と一部の図を除き、原則として縮尺は1万分1とし、大都市部の一部を5千分1とした。

一、各都市・地域冒頭の地形段彩図内の赤枠は、地形図・空中写真の収録範囲を示す。

一、各地形図左上の年代は、地形図の発行年を示し、左下に資料インデックスを兼ねる図歴を明示した。

一、図歴の年代は測量年を示す。

一、図歴における「修正」「部修」などの略語・用語については、別記の「図歴略語・用語解説」を参照のこと。

一、各空中写真の左上の年月日は、撮影日を示し、左下に撮影縮尺、資料インデックスを明示した。

一、収録対象区域全域を空中写真でカバーできない場合、地形図で補うか、そのままとし、地形図でカバーできない場合はそのままとした。

一、本書の編集及び各都市・地域の解説は、主に日本地図センターの小林政能が担当した。

❖図歴略語・用語解説

測図　地形図の無かった区域を測量して地形図を初めて作成すること。平板測量で作成されたものが多い。

測量　「測図」とほぼ同じ意味。明治時代と昭和30年頃以降の2つの時期に用いられた用語。また修正の時に「測図」を「測量」に書き改めたものもある。

改測　地形図の修正回数が多くなった場合、あるいは修正量が多い場合に全内容を改めて測量すること。

修正　修正測量の略。時代の変化に対応して、空中写真や現地調査を元に変化した部分を地図の全範囲について修正すること。

二修　二回目の修正測量。以下、「三修」「四修」「五修」と続く。

部修　部分修正の略。変化部分の一部のみを修正すること。

二部　二回目の部分修正。以下、「三部」と続く。

鉄補　鉄道を補入すること。

資修　資料修正の略。市町村の合併や鉄道の新設など、比較的大きな変化のあった場合、その項目だけを官報や関係機関からの資料だけで修正すること。現地調査は行ってない場合が多く、特定の項目しか修正していない。

編集　大きい縮尺の図を基に、小さい縮尺の地図を作成すること。

出典：国土地理院ホームページ内の「更新履歴について」
http://mapps.gsi.go.jp/history/update_history_name.html　（平成30年6月現在）

米国立公文書館所蔵米軍撮影空中写真

一般財団法人日本地図センターでは、米国立公文書館において空中写真状況調査をおこない、第二次世界大戦末期〜1950年代の貴重な空中写真を入手しました。この空中写真は、日本全国都市部を中心に約7000枚あり、東京大空襲や長崎原爆投下前後など戦中の写真、1947（昭和22）年のカスリーン台風や1959（昭和34）年の伊勢湾台風の写真など、当時を知ることのできる貴重な写真です。日本地図センターでは、この写真の整理を進めており、印画焼き（プリント）及び画像データの提供を行っております。

一般財団法人日本地図センター　米国立公文書館所蔵米軍撮影空中写真

http://www.jmc.or.jp/photo/NARA.html
一般財団法人日本地図センター　空中写真部
〒305-0821　茨城県つくば市春日3-1-8
TEL 029-851-6657 FAX 029-852-4532
E-mail shashin@jmc.or.jp

空中写真に遺された昭和の日本

昨今、改めて「昭和」が見直される機会が増えたように感じる。早いもので、昭和に換算するとすでに昭和90年代に入っている。平成もやがて30年になり、次の元号の準備も始まっている。

御存知のとおり、昭和の期間は非常に長い。明治・45年、大正・15年と比べてみれば、昭和・64年の長さは明らかである。そして、その間には第二次世界大戦とその敗戦を筆頭に、オリンピック（新幹線開業を含む）・万博・地震など日本の大転換点がいくつも包含されている。また、戦後の高度成長期には、産業構造の変化にともなう大都市圏への人口の集中が進み、都市化とモータリゼーションの波は、大都市圏のみならず地方圏においても着実に進んできた。各都市の様相は、昭和期において一変したと言える。

本書では、西日本における主要都市の様相を読み解くための必要不可欠な資料・空中写真と地図を、時間をさかのぼるように揃え、昭和期の都市の変化をつまびらかにするものである。

都市をより詳しくとらえ、時間経過の比較を容易にするために、地図と空中写真の縮尺は、極力大縮尺にすることを心がけた。また、都市を意義付ける要因のひとつである地形を、地形段彩図によって表現したことで、都市構造と地形の関係性もとらえることができるであろう。

本書で取り扱っている空中写真と地図のデータの種類をあげ、それぞれのデータについて説明をする。

地形段彩図

地理院地図と基盤地図情報（数値標高モデル：5mメッシュ標高・10mメッシュ標高）より調製。取得は、2018年5〜6月である。

◉地理院地図
国土地理院が提供する地形図・空中写真・標高・地形分類など日本の国土の様子を発信するウェブ地図。主に地形図のデータとして使用。

◉基盤地図情報
国土地理院が提供する、電子地図における位置などの基準となる情報。国や地方公共団体、民間事業者等の機関が、地理空間情報の整備に際し、基盤地図情報に基づくことで、正しくつなぎ合わせたり、重ね合わせたりすることを容易にするもの。地理空間情報の、より一層効率的かつ高度な利用を目的としている。

◉5mメッシュ標高
航空レーザ測量を基に作成した主に大都市圏、河川流域等を対象として作成したデータと、写真測量を基に作成した主に全国の都市計画区域のうち市街化区域と市街化調整区域を対象として作成されている。地表での経度差、緯度差0.2秒（約5m）間隔のメッシュの中心点の標高を取得したデータ。標高値の記載は、0.01m単位となっているが、0.1m単位で求めたものが有効値であり、小数点以下2位については参考値。

◉10mメッシュ標高
1/25,000地形図の等高線データ等を基に作成されたデータで、日本全国が整備されている。地表での経度差、緯度差0.4秒（約10m）間隔のメッシュの中心点の標高で作成したもの。標高値の記載は0.1m単位となっているが、1m単位で求めたものが有効値であり、小数点以下については参考値。本書では、5mメッシュ標高のデータが揃わない都市にのみ使用。

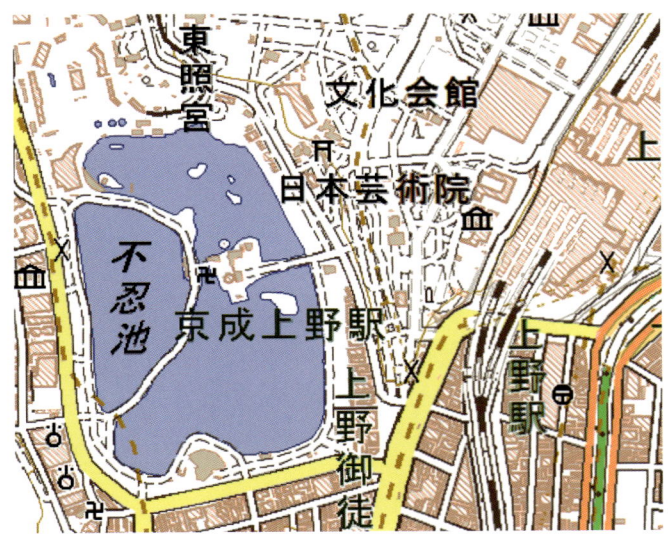

地理院地図の例・上野

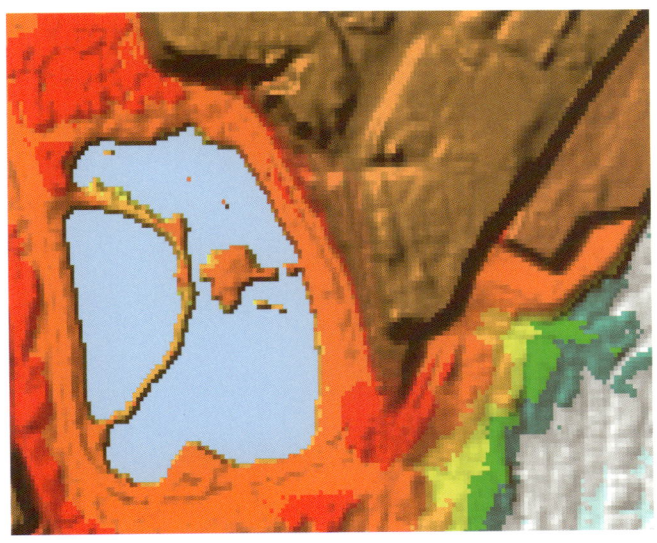

基盤地図情報（5mメッシュ標高）の例・上野

1万分1地形図

現行シリーズ（更新は終了している）と、それ以前の数次にわたって整備された旧シリーズに分けて整理し掲載した。

◉1万分1地形図（現行）

大都市、県庁所在都市及び地方の主要都市等の都市域について整備されてきた地図シリーズ。四六半裁判（520mm×738mm）5色刷りで、折図で刊行されている。現行のシリーズは、1983（昭和58）年から刊行されているもの。本書では、昭和期の最終型と位置づけ、昭和末期から平成初期のもので、昭和64年にもっとも近い刊行年の図を採用した。

◉旧1万分1地形図

1万分1地形図の整備は全国的な計画で行われたことはなく、重要地域のみに限られてきた。1893（明治26）年に海防要塞地帯の兵要地図の縮尺を1万分1に定めて各地の要塞地帯の測量を行ったのに始まり、明治末期まではほとんど主要地域・要塞地帯のみについて実施された。その後、大正時代から昭和初期には、主要地域・要塞地帯・大都市・陸軍演習場地域などについて整備作成された。本書では、大正末期から昭和初期に1万分1地形図が刊行されている場合には、これを昭和期の最初期として採用した。

1945（昭和20）年以後は全国の主要都市の測量も実施されるようになり、1960（昭和35）年までに多色刷で地番の入った地形図が発行された。それ以降は2千5百分1、5千分1の大縮尺国土基本図の作成に伴い、1万分1地形図の作成は一時中止された。本書では、1960（昭和35）年までの1万分1地形図を、戦後復興期の様相を表すものとして採用した。

2万5千分1地形図

1964（昭和39）年以降の現行シリーズと、それ以前に整備された旧シリーズに分けて整理し掲載した。

◉2万5千分1地形図（現行）

国土の全域にわたって整備されている地図のなかでは最大縮尺の地図シリーズ。現行のシリーズは、1964（昭和39）年から全国整備が開始されたもの。北方領土等を含む全国整備が完了したのは、2014（平成26）年のことである。

昭和期の現行シリーズは、柾判（460mm×580mm）3色（墨・藍・褐）刷で刊行されていた。2013（平成25）年からは多色刷になり、地形に陰影が付くなどの多彩な色で表現した新しいタイプになっている。本書では、1万分1地形図を補完するものとして、一部に採用した。

◉旧2万5千分1地形図

2万5千分1地形図の測量が始まったのは、1908（明治41）年から。当初は一部地域についてのみ作成された。大正末期には、2万分1地形図からの編集作成が多く行われた。その後、2万5千分1地形図作成は、1938（昭和13）年（修正は昭和18年）を最後に中止される。2万5千分1地形図の測量が再開されたのは1950（昭和25）年からである。

本書では、2万5千分1地形図と同様に、1万分1地形図を補完するものとして、一部に採用した。

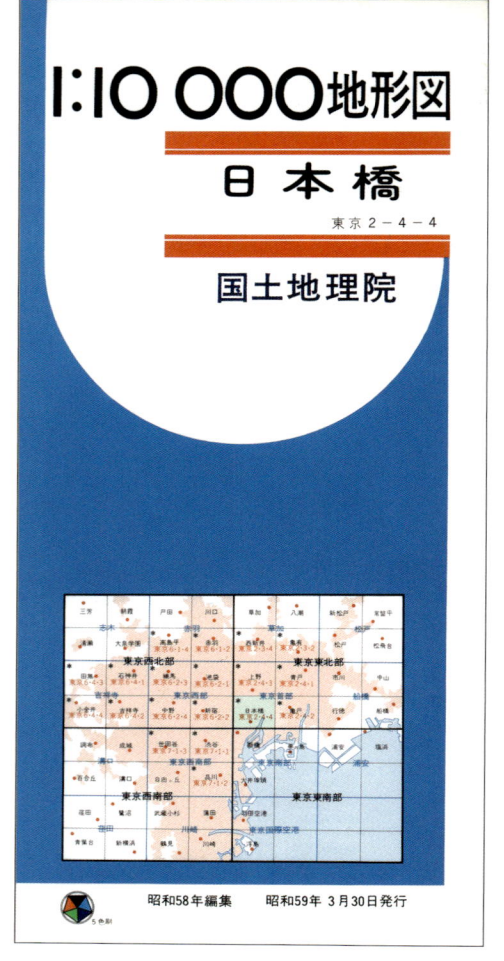

現行シリーズの
1万分1地形図
の初期の表紙

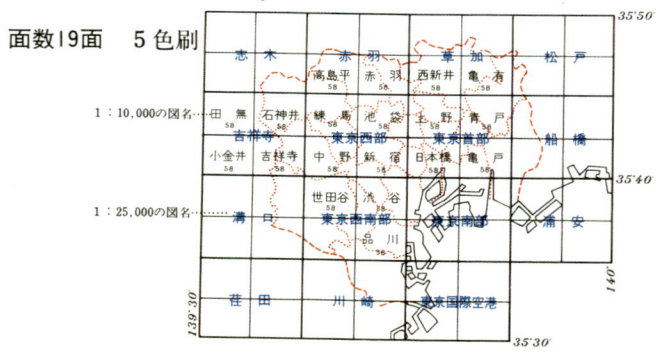

現行シリーズの1万分1地形図の初期整備範囲
「国土地理院 刊行地図一覧図」の一部 昭和59年4月1日現在（一般図の部）
日本地図センター発行

空中写真

「航空写真」とも言われ、国土地理院は地図作成の目的に航空機等に搭載した航空カメラによって撮影している地表の写真を「空中写真」と統一して呼んでいる。日本写真測量学会では、学術用語の統一という観点から、「空中から撮影したもの全てを総称して空中写真という」としている。

◉空中写真（国土地理院撮影カラー）

国土地理院撮影の空中写真は、1974（昭和49）年からカラーによる撮影が行われている。本書では、カラー初期に撮影された縮尺・8千分1の高精細の空中写真が撮影されている場合は、昭和50年代初期の資料として採用した。その後、昭和50年代後期に撮影された縮尺・1万分1の写真も同様に採用した。

◉空中写真（国土地理院撮影モノクロ）

国土地理院撮影の空中写真は、1961（昭和36）年からモノクロ撮影が行われている。本書では、モノクロ初期にほぼ全国撮影された縮尺・1万分1の高精細の空中写真を、昭和30年代の資料として採用した。これは、前述の大縮尺国土基本図の整備に用いられたものである。

◉空中写真（国土地理院所蔵米軍撮影）

戦後・1947（昭和22）年から1956（昭和31）年までの期間、占領下にあった日本を米軍が撮影を行ったもの。全国的には縮尺・4万分1で撮影されており、主要都市などは縮尺・1万分1で撮影されている。本書では、戦後期の資料として採用した。

◉空中写真（米国立公文書館所蔵米軍撮影）

戦中・1944（昭和19）年11月〜1945（昭和20）年に、米軍が対日作戦のため日本の都市を中心に撮影した空中写真。撮影縮尺は大縮尺のもので1万分1であり、建物単位で都市が克明に写されている写真もある。

米軍の用途は、攻撃前任務＝目標物捕捉や地図作成と、攻撃後任務＝損害評価のため。機密解除になり、米国立公文書館分館（通称「Archives II」）で公開されているものを、（一財）日本地図センターが独自に調査し収集した。

本書では、主に2万分1以上の大縮尺の写真を、戦中・戦前期の貴重な資料として採用した。空襲の直後の様相であったり、空襲前の都市の姿が遺されている。

米国立公文書館所蔵米軍撮影米軍撮影空中写真の例

1945(昭和20)年5月25日撮影　撮影縮尺：1/65000、
コース：3PR-21BC-SM237-1V、写真番号：5

上の写真中の注記部分の拡大

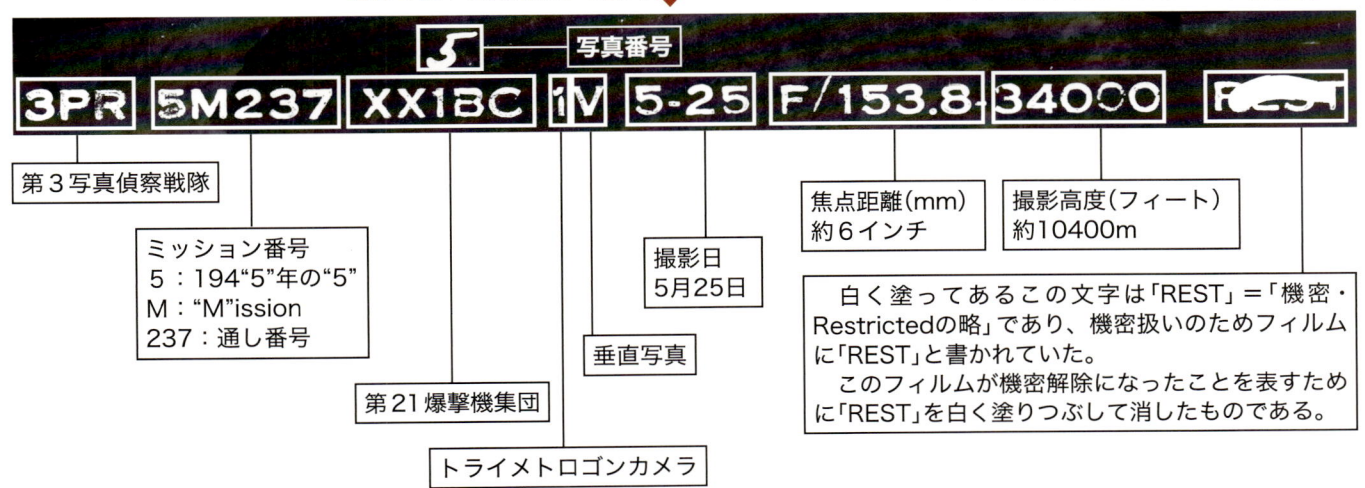

＊米軍撮影空中写真の注記には、種々の情報が記載されている。撮影開始の1枚目には、おおよその緯度経度が書かれていることもある。

名古屋 NAGOYA

爆弾が写り込んだ写真（16頁写真を一部含む）

名古屋が位置する濃尾平野は、養老山地が西縁、熱田台地が東縁。地下の基盤が構造的に西に傾いているために、木曽三川（木曽川・長良川・揖斐川）の河口部も平野西側に偏り、その河口部の低地帯には海抜ゼロメートル地帯があり、輪中が見られる。熱田台地の東西端は断層と推定されている。

濃尾平野の東縁部に位置する名古屋市は、熱田台地南端部の熱田神宮周辺が興り。江戸期に入り、徳川家康の1610（慶長15）年の「清洲越し」によって、清洲（現・清須市）から熱田台地北端部の名古屋城一帯に尾張の中心地が移され、現在の名古屋の基礎となった。

明治期に入り、名古屋城内には多くの軍事施設が設営される。1939（昭和14）年の地形図では、名古屋城周辺には注記がない建物や公園風の一帯がある。これは戦時改描によるもので、第三師団司令部や歩兵第六連隊・野砲兵第三連隊・衛戍病院などの諸施設があった。1945（昭和20）年4月7日の空中写真では、消失前の名古屋城天守閣及び名古屋城内の諸施設を見ることができる。また、この写真は空襲中の撮影のため、米爆撃機B-29から投下された爆弾が写り込んでいる（写真上）。

名古屋への大規模な空襲は、1945（昭和20）年1月から始まり、3月から5月にかけて集中的に行われた。中でも、5月14日は名古屋城北部から大曽根や千種周辺を目標にした空襲で、名古屋城の天守閣も同日消失した。

戦後復興、名古屋市復興都市計画によって、50〜100m幅員の道路計画などが進められる過程が、1956（昭和31）年の地形図からわかる。久屋大通・伏見通などは、当時広がっていた町名（筋名）が通りの名称に遺されている。

1959（昭和34）年に再建された名古屋城は、2022年12月には木造で復元される予定である。

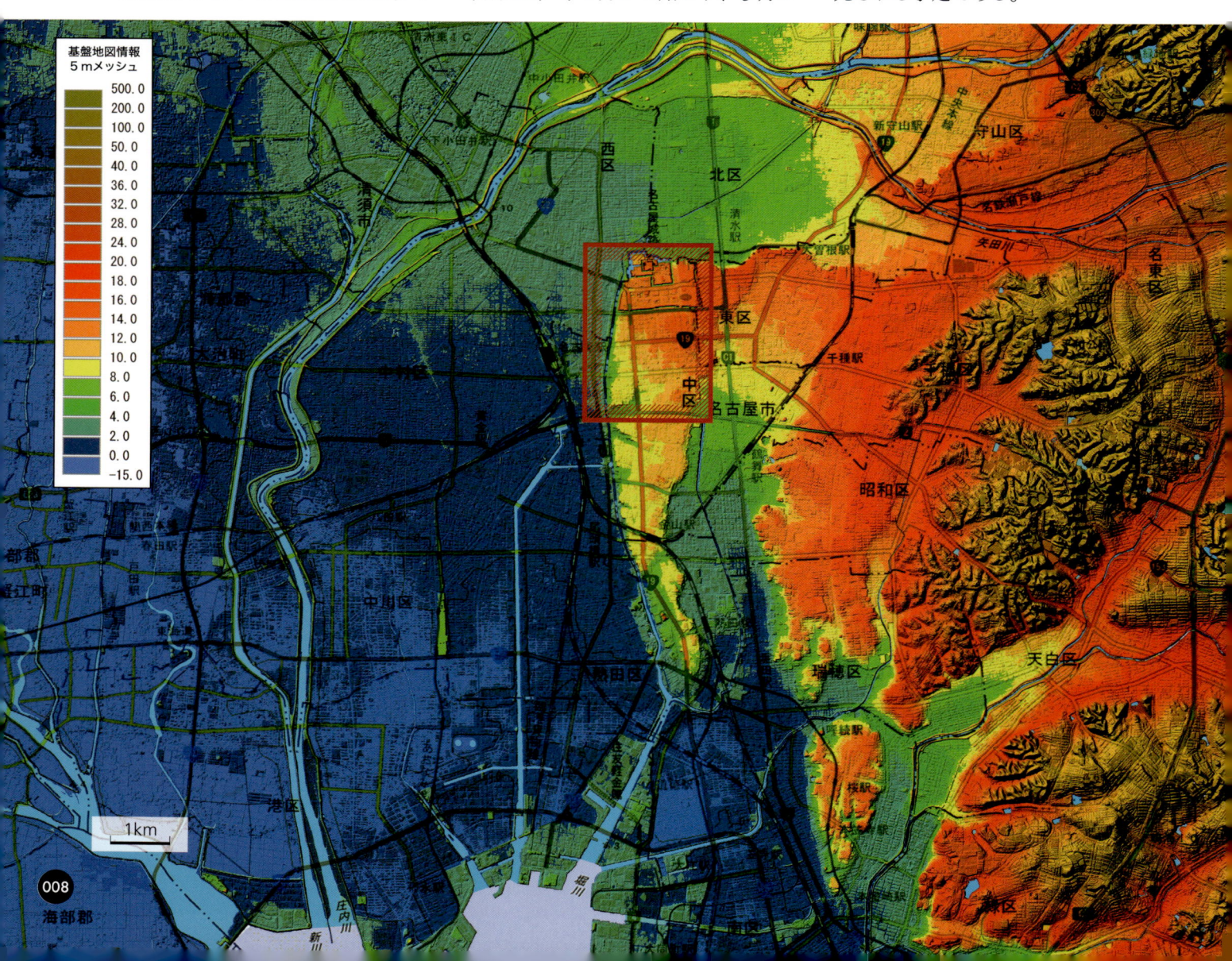

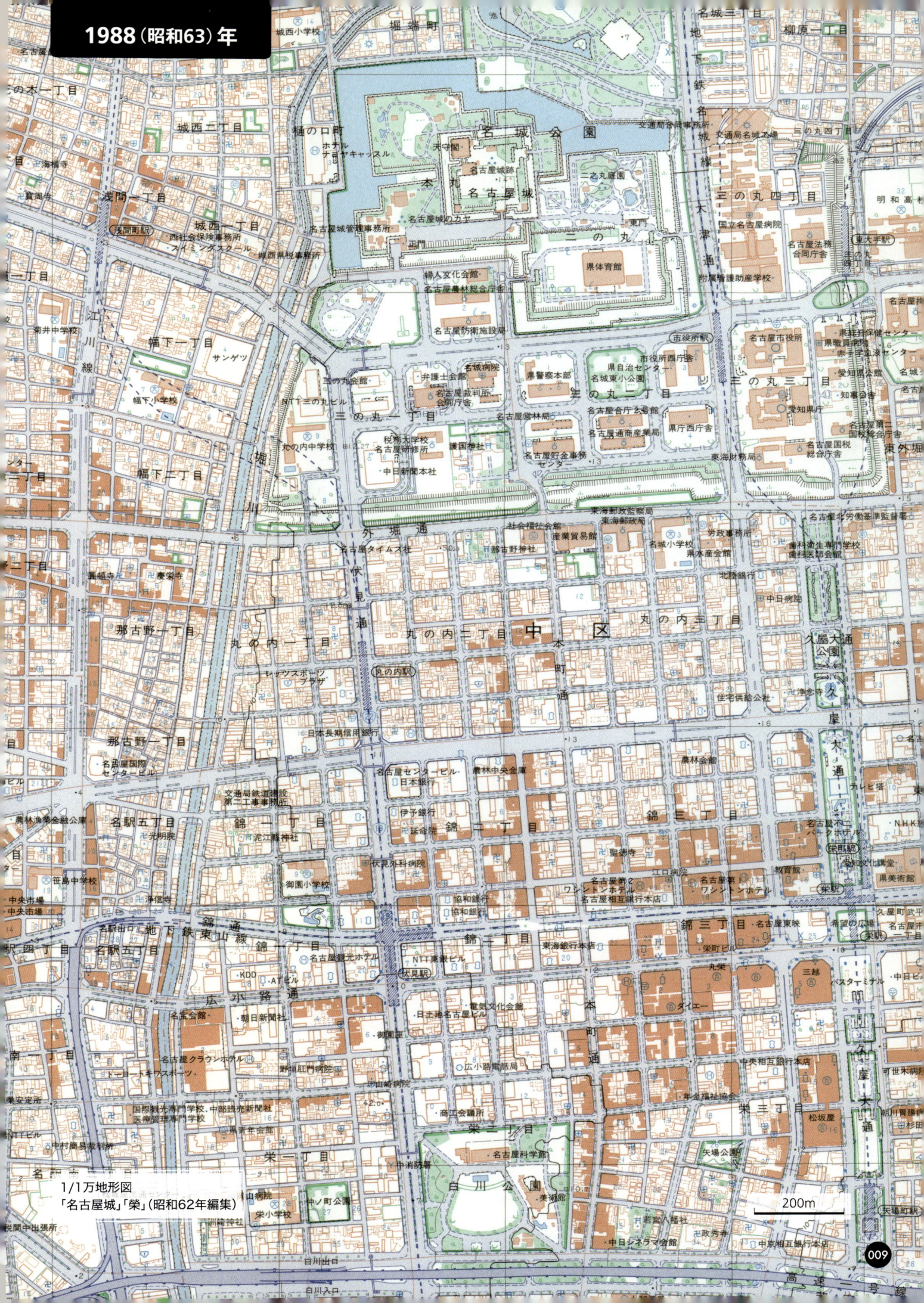

1988（昭和63）年

1/1万地形図
「名古屋城」「榮」（昭和62年編集）

200m

撮影縮尺：1/10000
国土地理院空中写真
コース：CCB822-C12B、写真番号：12,13,14、1982/12/15
コース：CCB822-C13B、写真番号：10,11,12、1982/11/27
コース：CCB822-C14B、写真番号：10,11、1982/11/27

1/2万5千地形図
「名古屋北部」「名古屋南部」（昭和43年改測）

200m

1963(昭和38)**年** 5月18日
6月1日

撮影縮尺：1/10000
国土地理院空中写真
コース：MCB631-C2、写真番号：7, 8、1963/5/18
コース：MCB631-C3、写真番号：7, 8、1963/5/18
コース：MCB631-C4、写真番号：6, 7, 8、1963/6/1

1/1万地形図
「名古屋西北部」（昭和28年修正）、「名古屋東北部」（昭和29年資修）、
「名古屋西南部」（昭和28年修正）、「名古屋東南部」（昭和28年修正）

200m

1946(昭和21)**年** 5月28日
6月7日

城趾

名古屋大学本部

城趾

国立病院分院

名古屋検察庁

旧練兵場跡

労働基準局

南外堀町

（地図部分、13頁より援用）

撮影縮尺：1/12000
国土地理院空中写真（米軍撮影）
コース：USA-M148-A-7、写真番号：180,181,182、1946/5/28
コース：USA-M158-A-6、写真番号：8,9,10、1946/6/7

1945(昭和20)年6月9日

撮影縮尺　1/15000
米国立公文書館所蔵米軍撮影空中写真
コース：3PR-21BC-5M277-3V、
写真番号：40ab, 41b, 42b

名古屋城の天守閣を含む本丸部分の消失前後
右：1945(昭和20)年4月28日撮影(撮影縮尺　1/17000、
　　コース：3PR-21BC-5M174-2V、写真番号：63a)
左：1945(昭和20)年6月9日撮影(撮影縮尺　1/15000、
　　コース：3PR-21BC-5M277-3V、写真番号：40b)

200m

（地図部分、13頁より援用）

1945（昭和20）年 4 月 7 日

撮影縮尺：1/20000
米国立公文書館所蔵米軍撮影空中写真
コース：21BC-5M059-130V、写真番号：101

016

1/1万地形図
「名古屋西北部」「名古屋東北部」
「名古屋西南部」「名古屋東南部」（昭和12年測図）

200m

京都 KYOTO

京都盆地は、東西約10km、南北約18kmの東西両縁を断層性の急崖で限られた陥没盆地である。北からの鴨川は北西からの桂川に合流、琵琶湖からの宇治川、三重県からの木津川の三川が淀付近で合流し、淀川として大阪湾に注いでいる。三川合流地帯は水害の常習地域で、その上流部には、かつて巨椋池があり遊水地の役割を担っていた。平安京など京都中心市街地は、大部分が鴨川扇状地上にあり、扇頂の上加茂から扇端の上鳥羽付近までは、7 ‰ の平均勾配がある。

京都市街は、東縁の三方・花折断層帯、南部の有馬－高槻断層帯と、それに直交する生駒断層帯、西縁の三峠・京都西山断層帯と多くの断層帯に囲まれている。M 7 以上と推定される歴史地震も、938（承平8）年（M7.0）、1185（元暦2）年・文治地震（M7.4）、1596（文禄5）年・慶長伏見地震（M7.5）、1662（寛文2）年・寛文近江若狭地震（M7.4）などが発生、被害の記録が多数ある。

794（延暦13）年の平安京遷都以来、「千年の都」京都には、権力者が往来し、戦乱に遭った重層的な歴史がある。町割りは、平安京の碁盤目状が骨格だが、南北朝の戦いや応仁の乱で荒廃した京都を整備したのは豊臣秀吉。京都市街を囲む御土居や短冊形の町割り等が、現在の京都に受け継がれている。

1940（昭和15）年の地形図では、仙洞御所と二条城（二条城離宮）が戦時改描されている。

京都には、大規模焼夷空襲はなかった。それは、原爆投下目標の候補都市であり、そのため爆撃禁止命令が出されていたからである。1945（昭和20）年4月の原爆目標候補都市は京都・広島・横浜・小倉であった。米軍の検討中、京都・広島・新潟・小倉となった時期もある。1945（昭和20）年7月、京都が外され、広島・小倉・長崎・新潟が記載された原爆投下命令書が発行された。

1945（昭和20）年4月2日撮影と、同年4月13日撮影の2つの空中写真からは、堀川通・御池通・五条通に沿って、建物疎開が10日ほどで急速に進んでいることがわかる。これは第三次建物疎開で、1944（昭和19）年1月から行われてきた建物疎開の中で、もっとも大規模なものであった。1955（昭和30）年の地形図でも、これら通り沿いの町家の並びが、凸凹している。

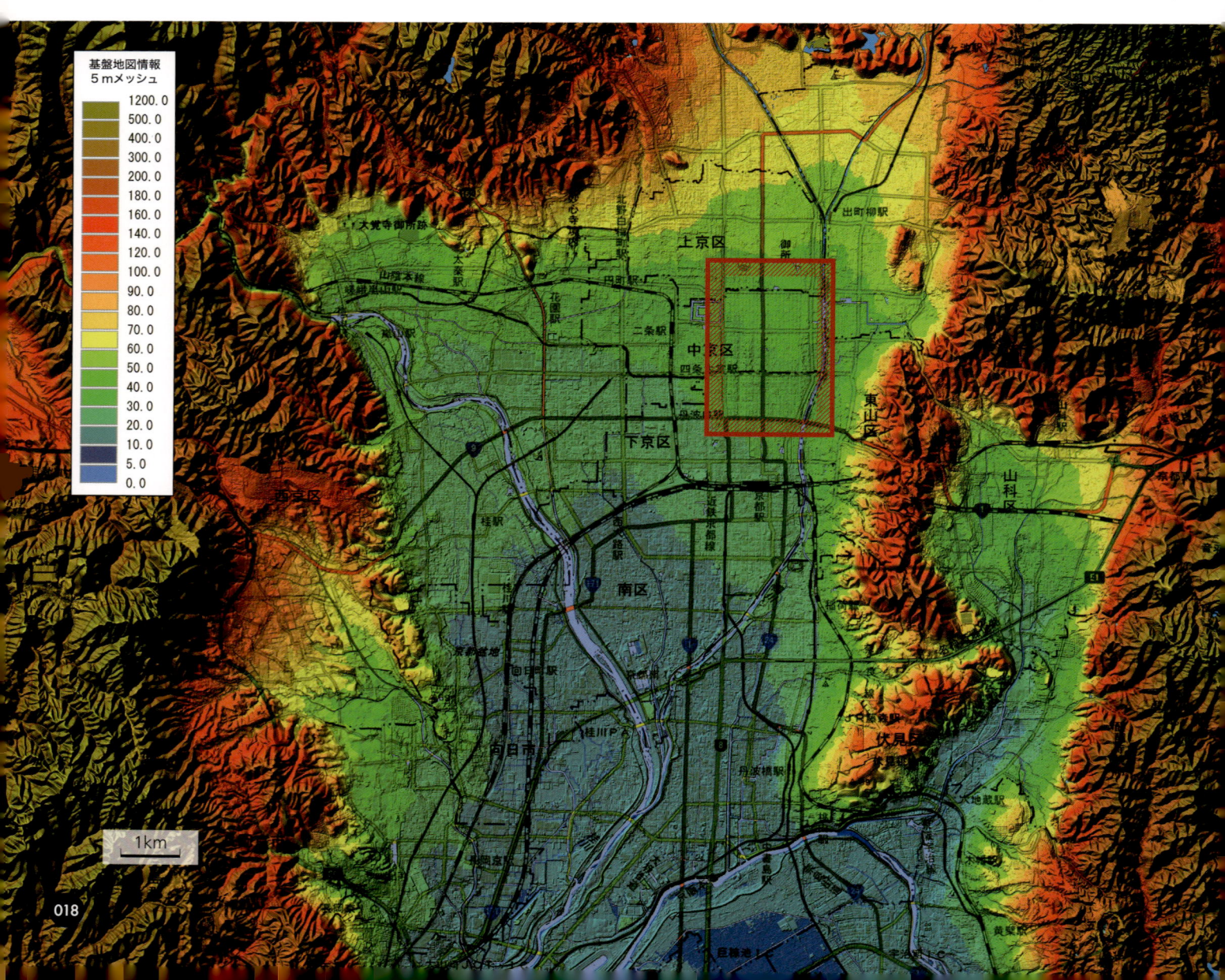

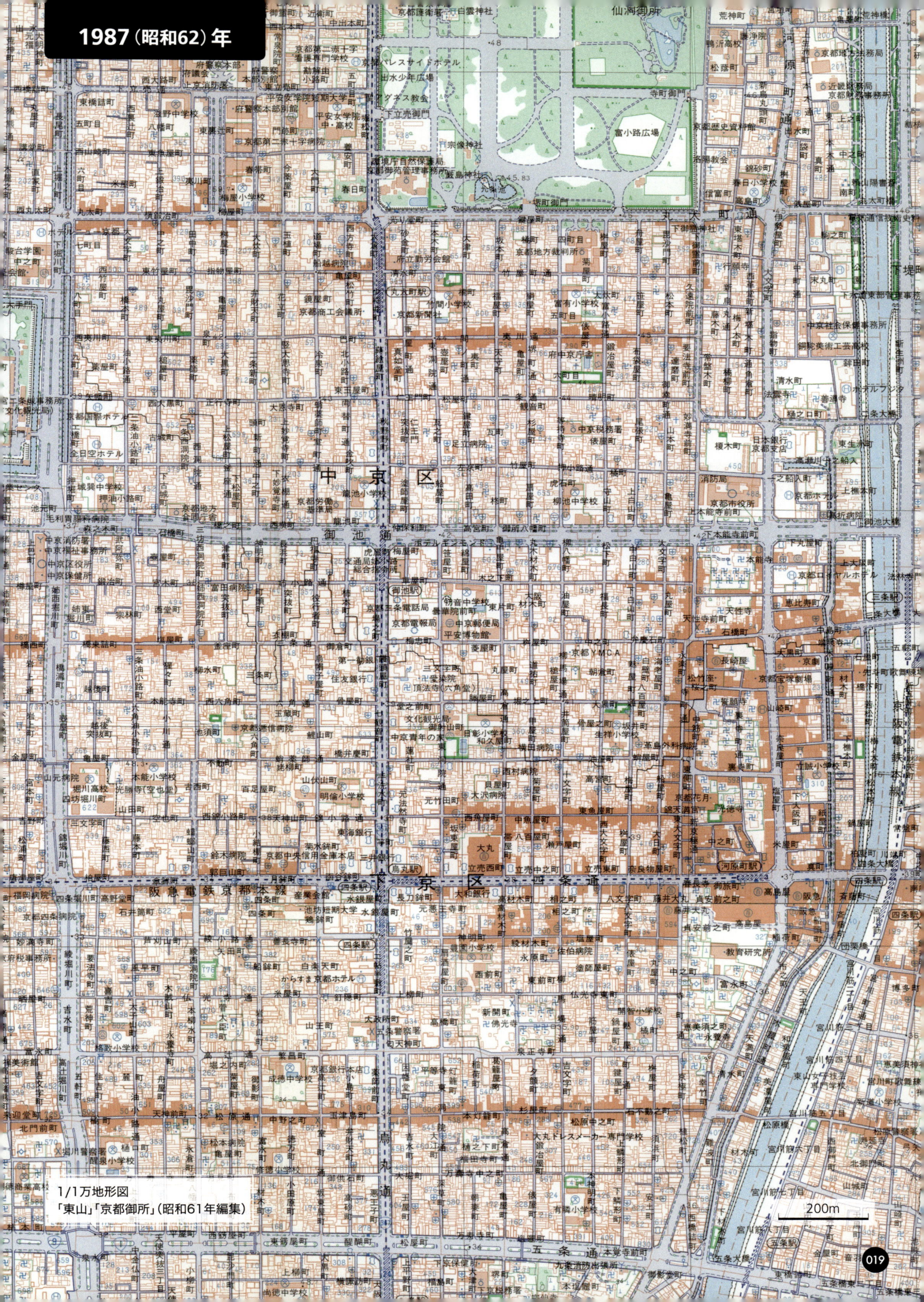

1/1万地形図
「東山」「京都御所」（昭和61年編集）

200m

撮影縮尺：1/10000
国土地理院空中写真
コース：CKK822-C5A、写真番号：16, 17
コース：CKK822-C6B、写真番号：7, 8
コース：CKK822-C7、写真番号：16, 17

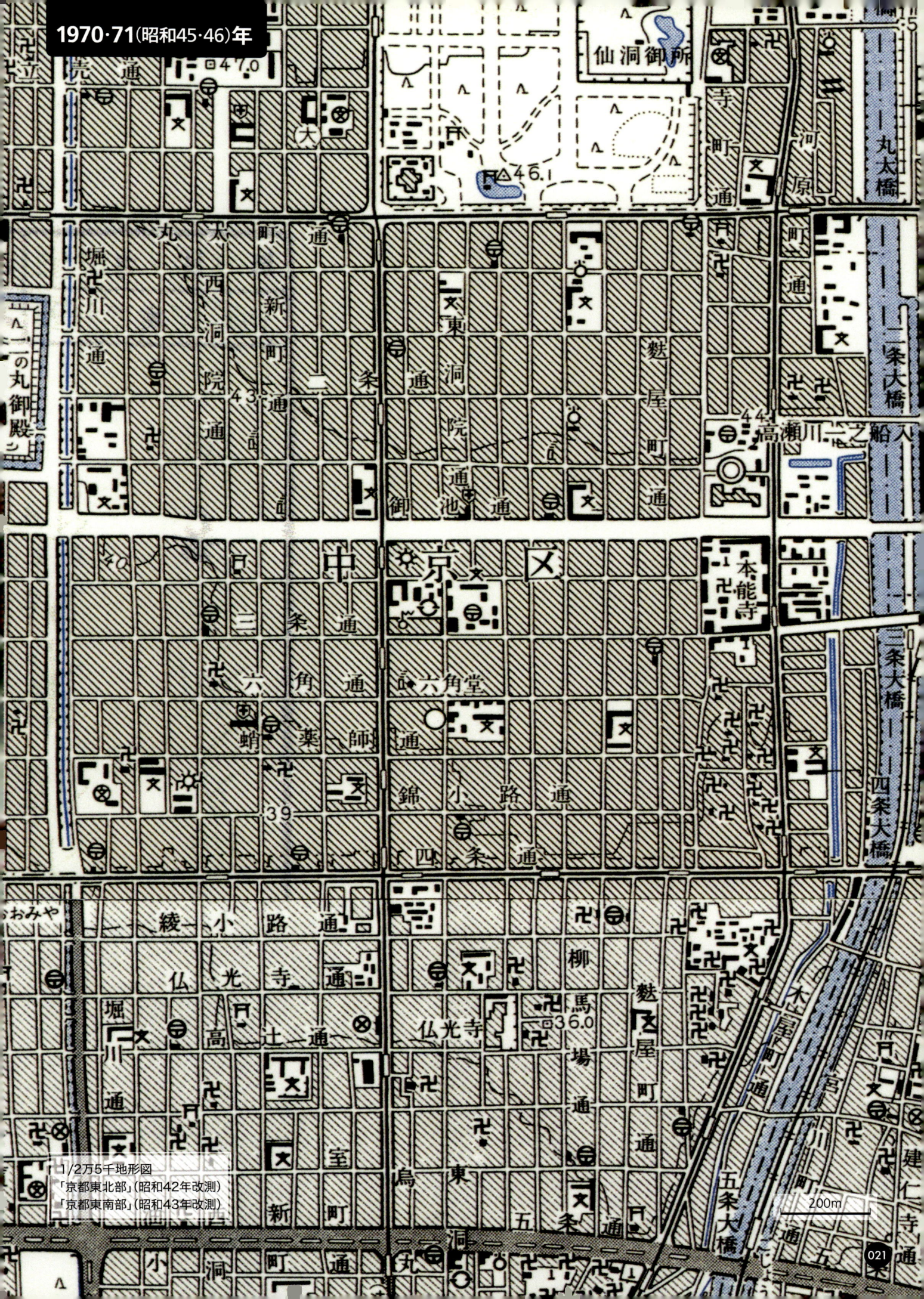

仙洞御所

丸太橋

二条大橋

高瀬川一之船入

本能寺

三条大橋

四条大橋

1/2万5千地形図
「京都東北部」（昭和42年改測）
「京都東南部」（昭和43年改測）

200m

1961(昭和36)年 5月1日

撮影縮尺：1/10000
国土地理院空中写真
コース：MKK614-C4、写真番号：6685, 6686
コース：MKK614-C5、写真番号：7008, 7009
コース：MKK614-C6、写真番号：6944, 6945

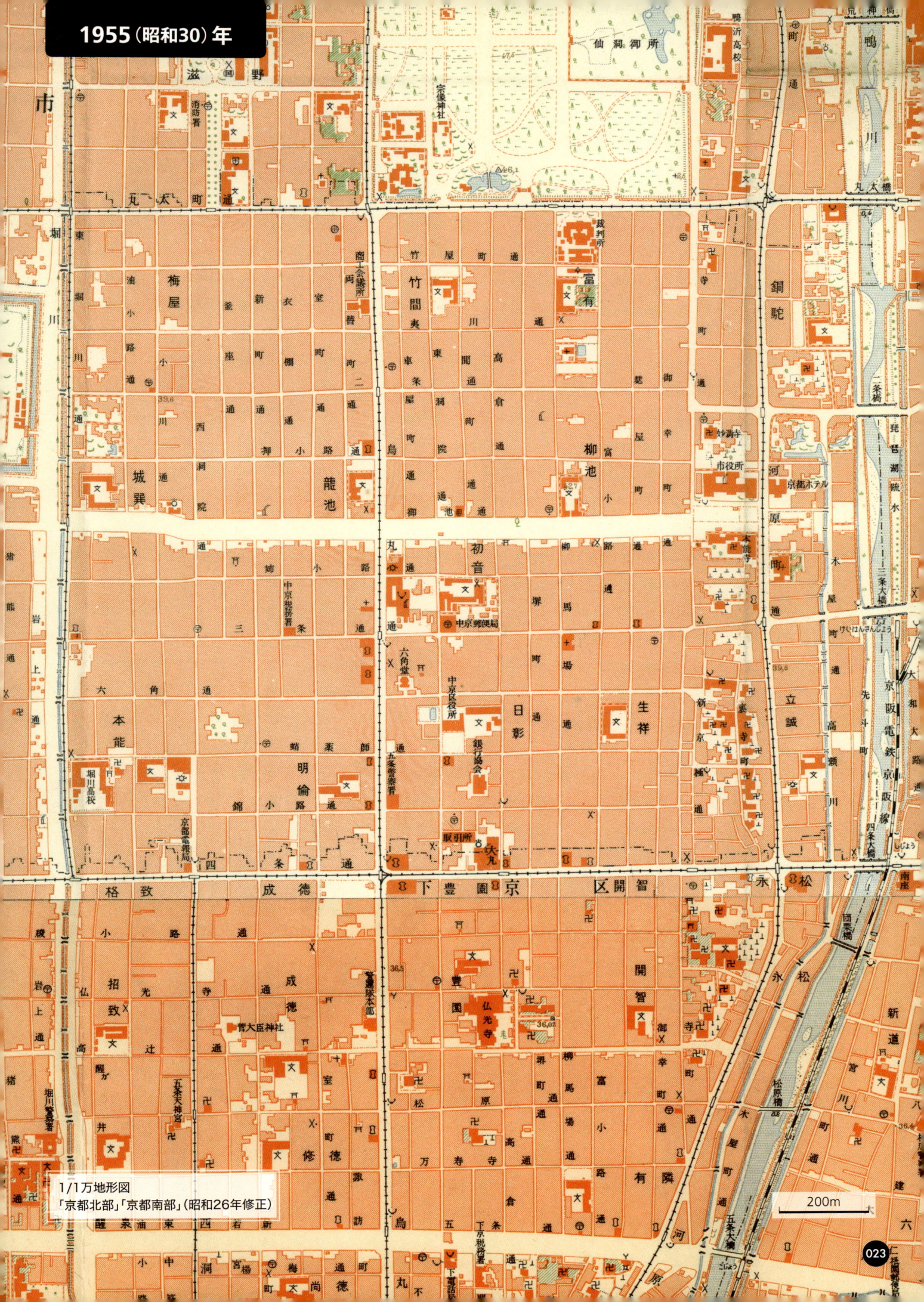

1/1万地形図
「京都北部」「京都南部」（昭和26年修正）

200m

1945(昭和20)年4月13日

撮影縮尺：1/16000
米国立公文書館所蔵米軍撮影空中写真
コース：3PR-21BC-5M139-3V、写真番号：76ab, 77ab

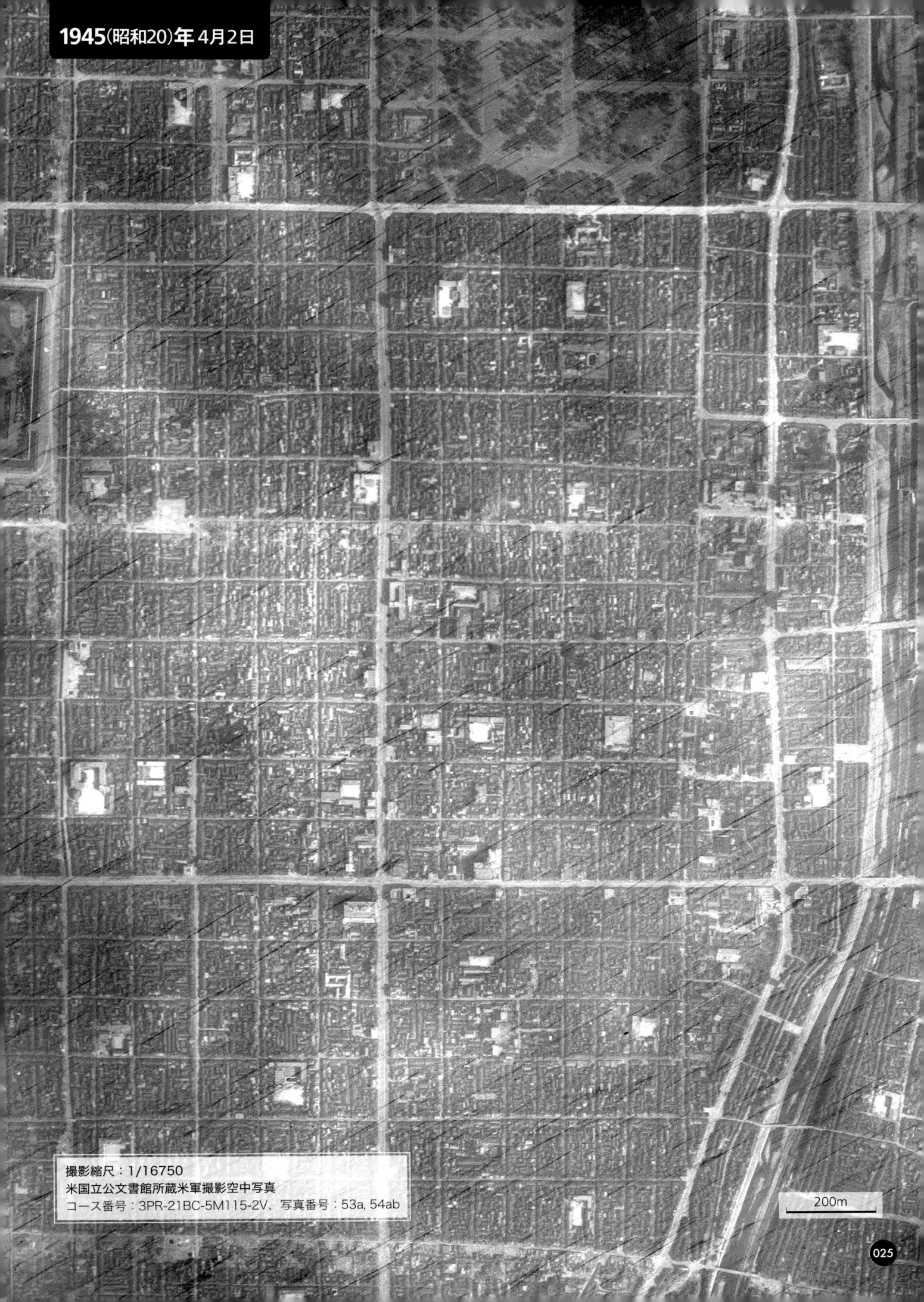

1945(昭和20)年 4月2日

撮影縮尺：1/16750
米国立公文書館所蔵米軍撮影空中写真
コース番号：3PR-21BC-5M115-2V、写真番号：53a, 54ab

200m

1/1万地形図
「京都北部」「京都南部」（昭和13年測図）

1/2万5千地形図
「京都東北部」
「京都東南部」（大正11年測図）

200m

梅田 UMEDA

　大阪平野は、最終間氷期（約12.5万年前）の高海面期にほぼ全域が「上町海」と呼ばれる海域であった。最終氷期最寒冷期（約2万年前）には、海面は下がり、大阪湾一帯は陸化する。上町台地の東側には「古河内平野」、北側には古大阪川などが流れ、西側には「古大阪平野」が広がっていた。縄文海進最盛期（約6000年前）の高海面期には、上町台地が半島状に海に突き出し、東側は「河内湾」となった。その後、淀川や旧大和川による堆積物が河口に三角州を形成し、上町台地の先端部にも砂嘴が生成されて、河内湾は「河内潟」となる。潟は、砂州の延伸によって湾口が閉ざされ、汽水化が進んだ。さらに、海水面の低下の要因も重なり、約2000年前には河内潟は淡水湖となり、広大な湿地帯となった。その後、この湿地帯を天井川化して流れる大和川を、江戸期・1704（宝永元）年に上町台地を開削し西流させる付け替えが完成し、ほぼ現在の形となった。

　大阪平野は、周囲を六甲山地・北摂山地・生駒山地・金剛山地・和泉山脈と、いずれも断層性の山地に囲まれており、北に有馬－高槻断層帯、東に生駒断層帯、平野中央部に上町台地に沿った上町断層帯などの活断層がある。上町断層帯は、豊中市から大阪市を経て岸和田市へとほぼ南北方向に延び、延長は約42km。この断層帯が活動した場合、M7.5程度の地震が発生し、東側が相対的に3m程度高まると推定されて、今後30年間の地震発生確率2～3％は、日本の主な活断層の中では高いグループである。

　また、大阪平野は低平で、標高2m以下の範囲も広い。そのため南海トラフ沿いで発生する南海地震による津波被害が想定されている。1854（嘉永7）年・安政南海地震（M8.4）や、1707（宝永4）年・宝永地震（M8.6）など、幾度も津波被害が記録されている。

　梅田は、旧淀川沿いの低湿地帯で、埋め立てて拓いたことから「埋田」と呼ばれたことが由来。江戸期からの大阪の北端部にあたり、1874（明治7）年に大阪駅の開業から、鉄道の乗り入れが続き、昭和の初期には交通の要所の体を整えている。1928（昭和3）年開業の梅田貨物駅には、貨物積み替え用の引き込み水路が設けられており、水路と鉄路の接点だったことがわかる。

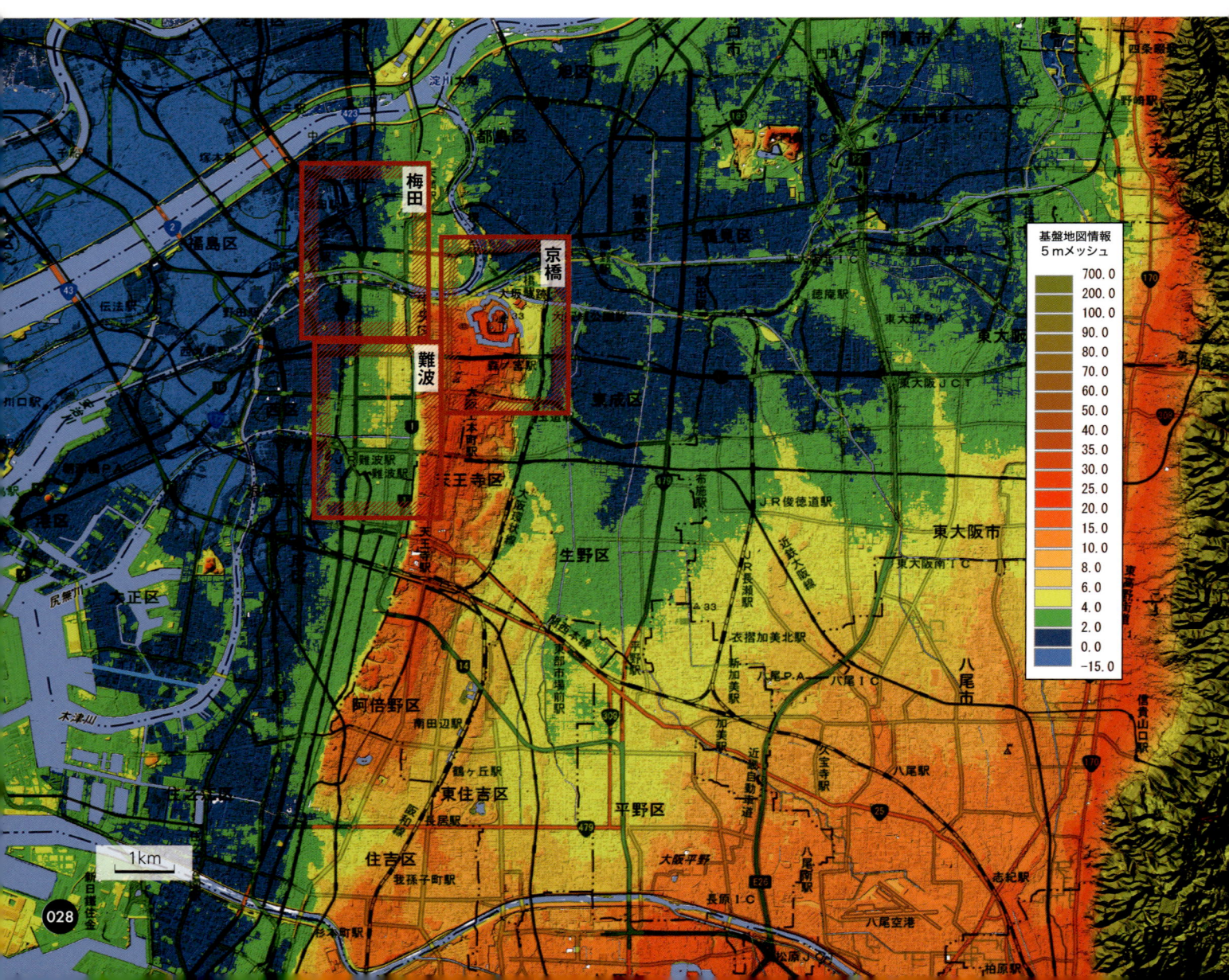

1/1万地形図
「福島」「大阪城」（昭和60年編集）

撮影縮尺：1/10000
国土地理院空中写真
コース：CKK851-C8、写真番号：14.15.16、1985/6/6
コース：CKK851-C9A、写真番号：14.15.16、1985/7/28
コース：CKK851-C10A、写真番号：13.14.15、1985/6/6

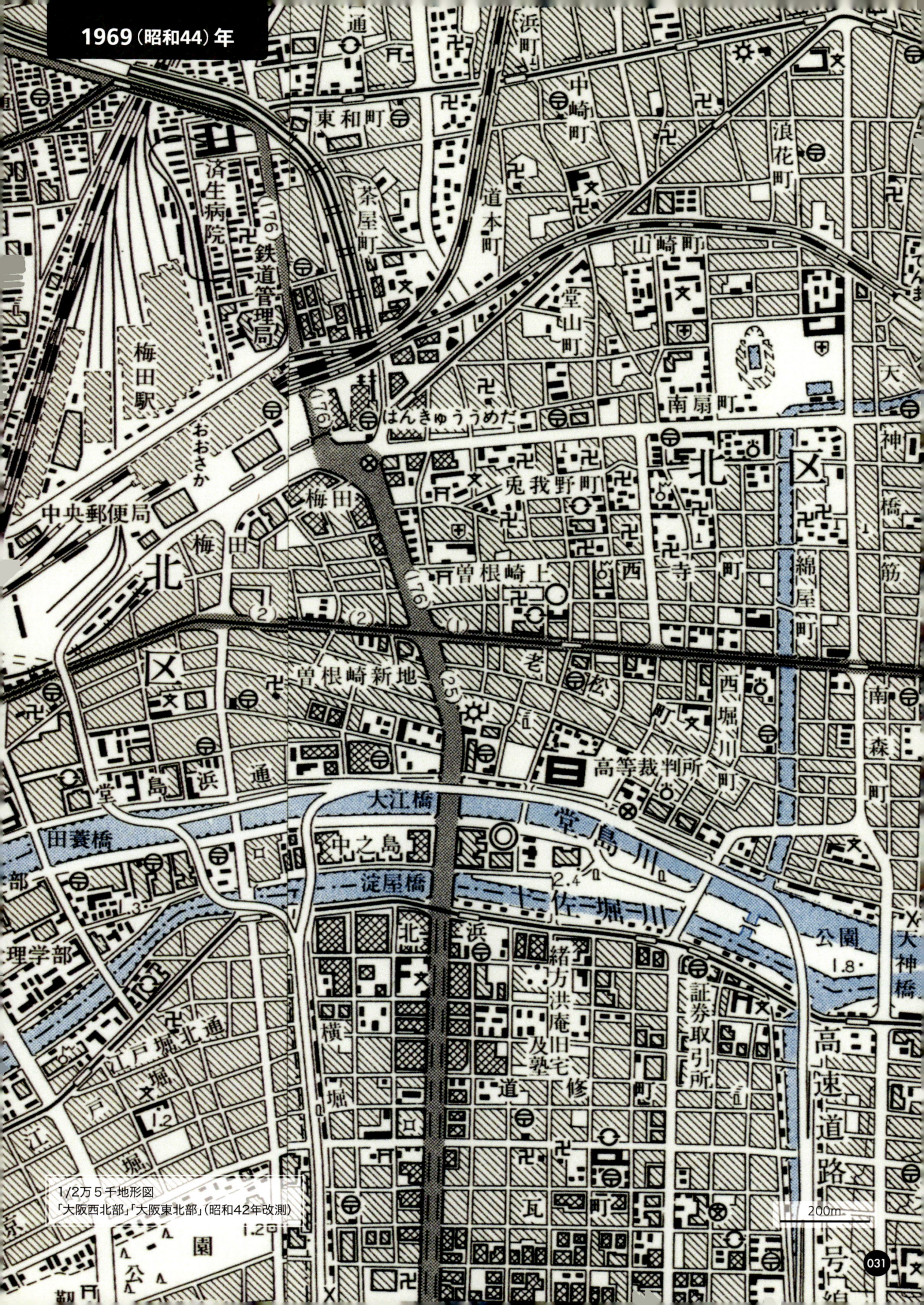

1/2万5千地形図
「大阪西北部」「大阪東北部」（昭和42年改測）

東和町
中崎町
浪花町
茶屋町
道本町
山崎町
堂山町
済生病院
鉄道管理局
南扇町
天神橋筋
梅田駅
北区
はんきゅううめだ
おおさか
兎我野町
綿屋町
中央郵便局
梅田
曽根崎上
西寺町
北
老松町
曽根崎新地
西堀川町
南森
堂島浜通
高等裁判所
田蓑橋
大江橋
堂島川
中之島
淀屋橋
土佐堀川
公園
理学部
北浜
緒方洪庵旧宅及塾
証券取引所
大神橋
高速道路
号線

200m

1964（昭和39）**年** 6月7日

撮影縮尺：1/20000
国土地理院空中写真
コース：MKK643X-C5、写真番号：13,14
コース：MKK643X-C6、写真番号：8,9

1/1万地形図
「大阪北部」「大阪首部」（昭和27年二修）

200m

1945（昭和20）年 6月10日

撮影縮尺：1/16000
米国立公文書館所蔵米軍撮影空中写真
コース：3PR-21BC-5M279-2V、写真番号：39a, 40b, 41a

1945(昭和20)年 6月5日

撮影縮尺：1/15000
米国立公文書館所蔵米軍撮影空中写真
コース：3PR-21BC-5M265-2V、写真番号：10ab

200m

1/1万地形図
「大阪北部」「大阪首部」（昭和7年部修）

1/1万地形図
「大阪北部」「大阪首部」（大正10年測図）

200m

大阪は、古来よりの要衝である。大阪の市街は、上町台地の存在との関わりが深い。

諸説あるが、難波京は、645（大化元）年より793（延暦12）年までの約150年間存続したとされている。近年の発掘調査などにより、難波京の詳細な位置が判明しつつあり、後期の難波京は上町台地北部一帯にあり、難波宮宮殿が現在の大阪城の南側にあったとされている。

1496（明応5）年、蓮如が石山道場（のちの石山本願寺・大坂本願寺とも）を建立した。寺を中心に防御的な濠や土居で囲まれた「寺内町」を有する一種の環濠城郭都市と推定されている。石山本願寺は、現在の大阪城の本丸・二の丸周辺にあったとされ、その構造は、後の大阪城に引き継がれた可能性がある。

豊臣秀吉によって築かれた大阪城は、上町台地の北端部をすっぽりと囲う大規模な惣構を持っていた。城下町は、台地の西側を埋め立て拡大整備。その範囲は、現・四ツ橋筋東側の阪神高速辺りまで広がっていたとされる。物流のため掘割を整備、架橋された多くの橋は「八百八橋」とも呼ばれた。江戸期、日本海から瀬戸内海を航行する北前船の最大の寄港地となった大阪は「天下の台所」と言われ殷賑を極めた。

明治に入って大阪城周辺には軍事施設が設置される。1871（明治4）年・大阪鎮台が置かれ、のちに第四師団に改組。1923（大正12）年と1935（昭和10）年の地形図には、大阪城の本丸に師団司令部、西側には旅団司令部と連隊区司令部の地図記号がある。また、東側にはアジア最大規模の軍事工場と言われた大阪砲兵工廠（大阪工廠とも）と城東練兵場があった。城内には、兵器などの保管修理を担当していた兵器支廠の倉庫が多くあり、他にも、被服支廠・射撃場・衛戍監獄・衛戍病院など、陸軍関連の注記が多数見られる。

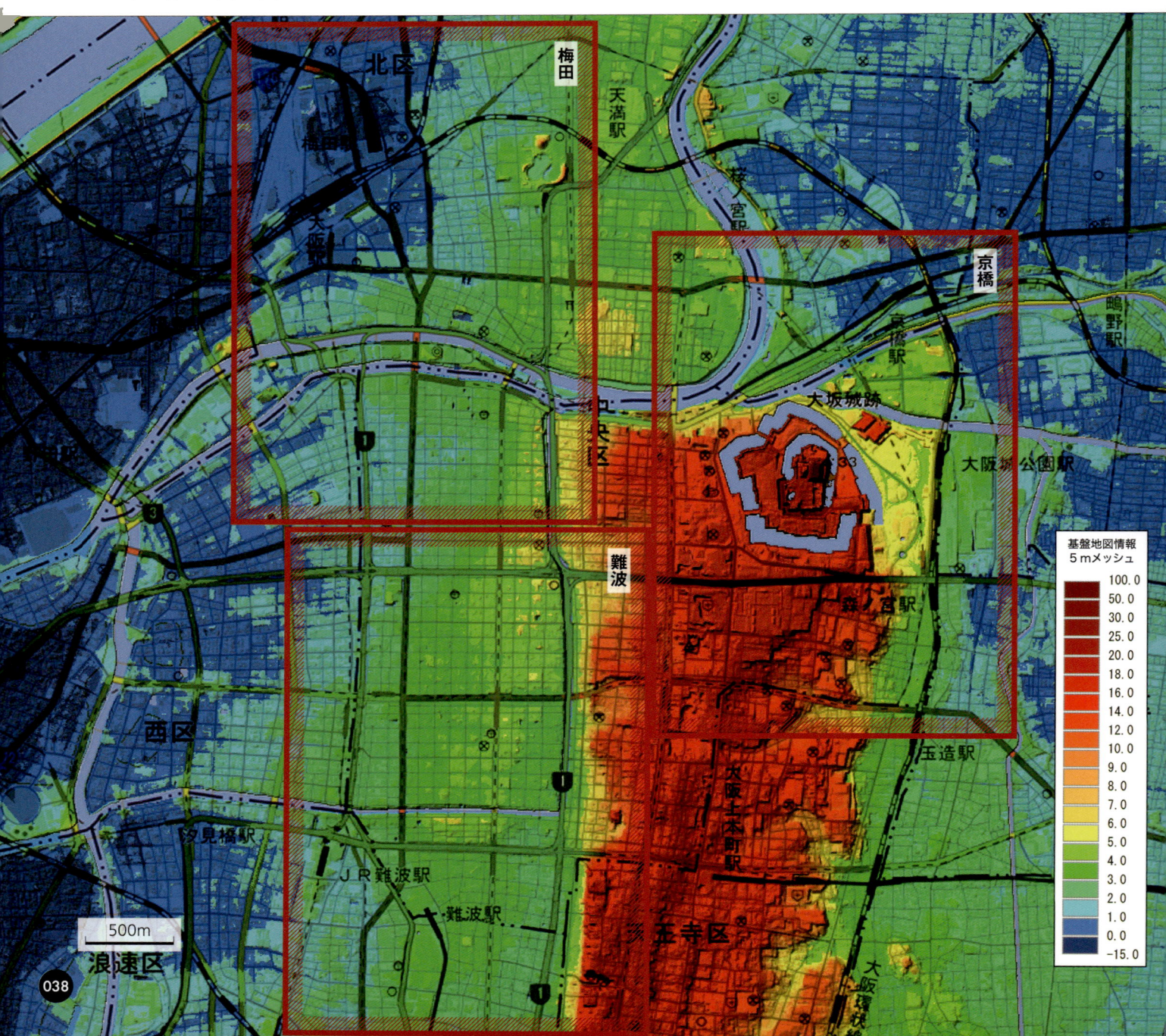

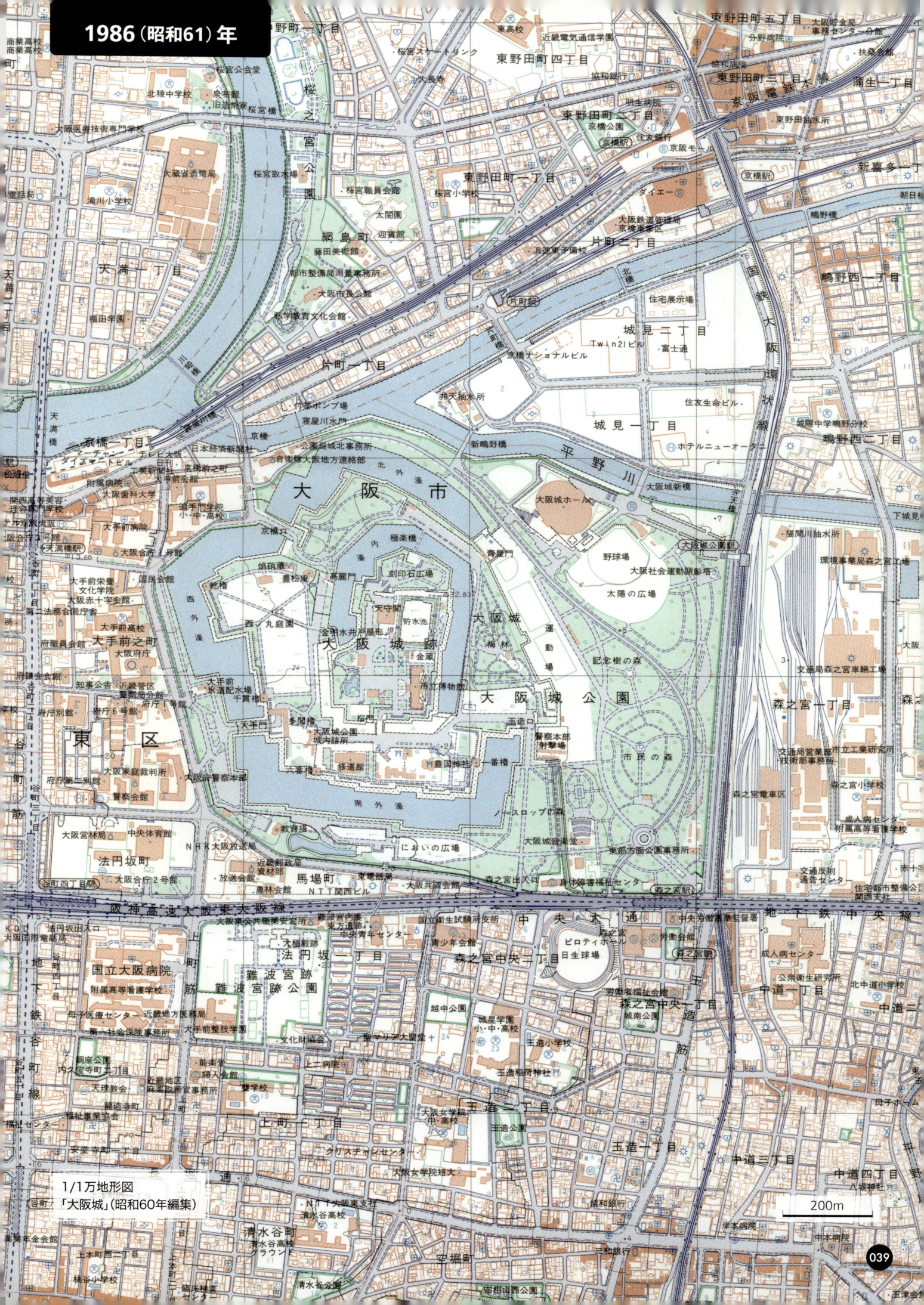

1/1万地形図
「大阪城」（昭和60年編集）

200m

撮影縮尺：1/10000
国土地理院空中写真
コース：CKK851-C9A、写真番号：16,17、1985/7/28
コース：CKK851-C10A、写真番号：15,16、1985/6/6

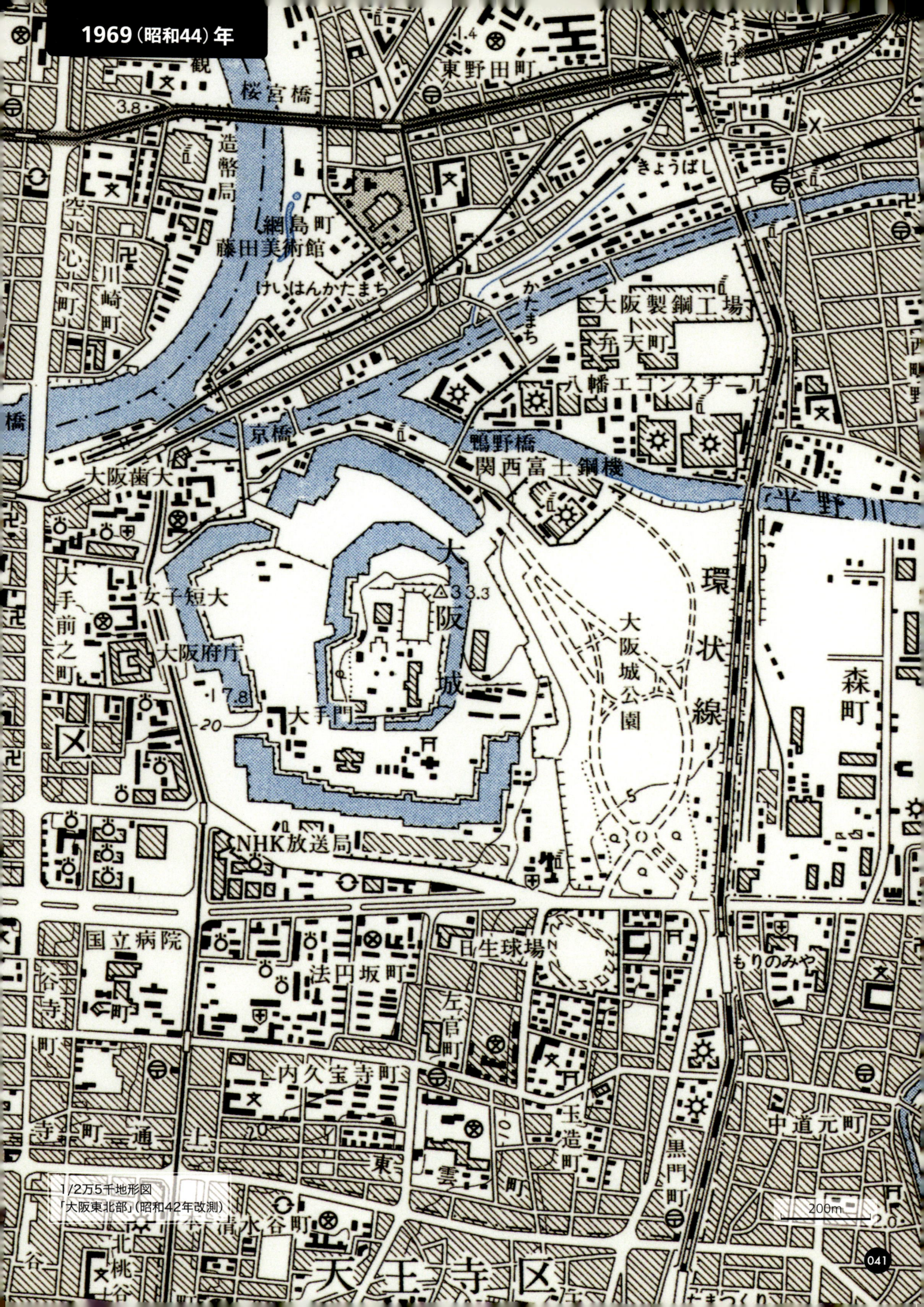

1/2万5千地形図
「大阪東北部」（昭和42年改測）

撮影縮尺：1/20000
国土地理院空中写真
コース：MKK643X-C6、写真番号：9

1/1万地形図
「大阪首部」「大阪東部」（昭和27年二修）

200m

撮影縮尺：1/16000
米国立公文書館所蔵米軍撮影空中写真
コース：3PR-21BC-5M279-2V、写真番号：39ab, 40ab

1945（昭和20）**年** 6月5日

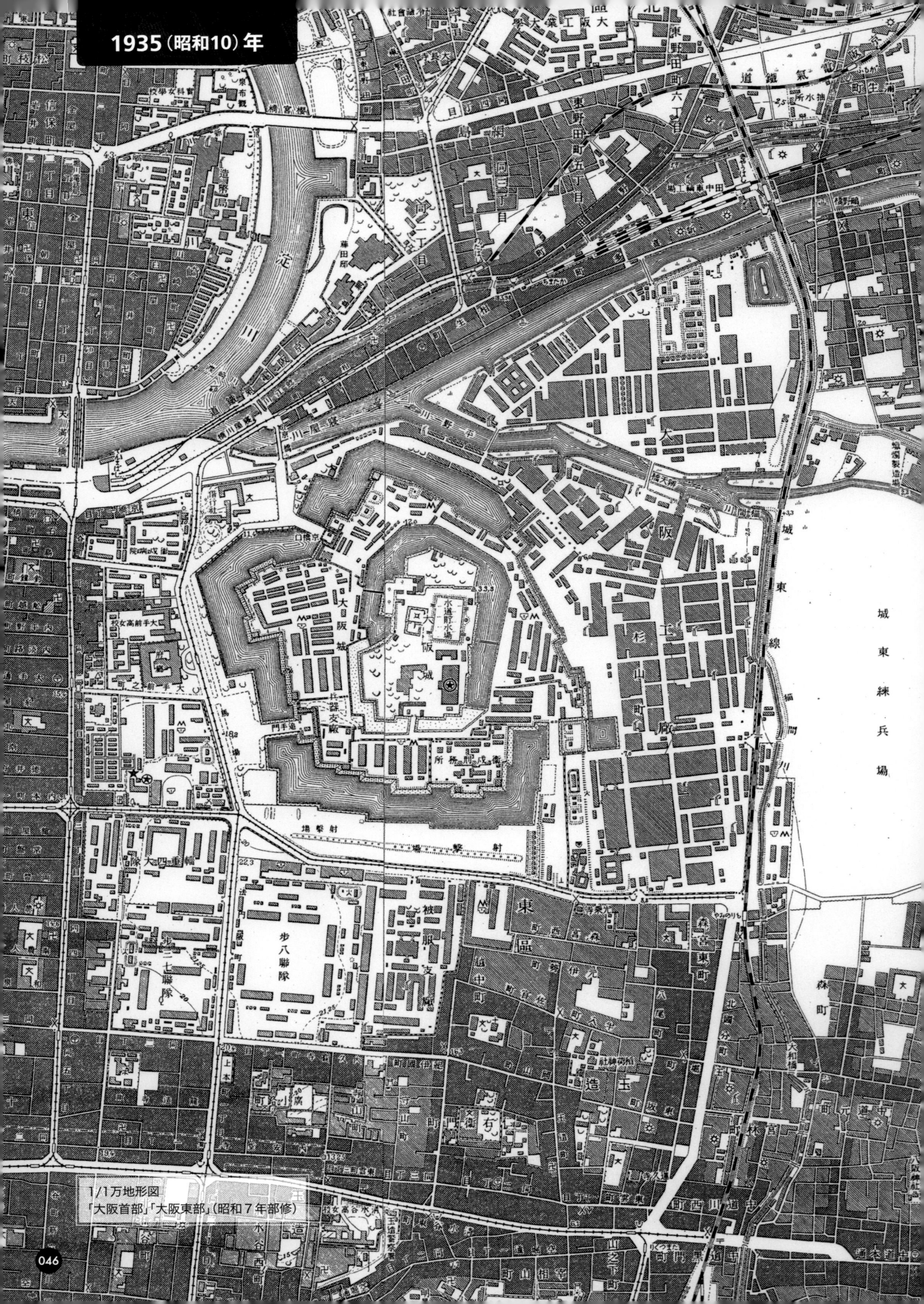

1/1万地形図
「大阪首部」「大阪東部」（昭和７年部修）

1/1万地形図
「大阪首部」「大阪東部」（大正10年測図）

200m

難波 NAMBA

　大阪市街の大規模焼夷空襲は、1945（昭和20）年3月13日夜半からである。3月9日夜の東京、3月11日夜の名古屋と一連の空襲とされている。米軍は、空襲の準備として、1940（昭和15）年の国勢調査に基づく人口分布図から人口密度を算出し、火災保険等級図から燃えやすい地域を判断している。それら資料から、安治川河口から国鉄沿いに淀川、淀川と旧淀川分岐点から上町台地東縁、天王寺公園から現・国道43号線を3辺としたゆがんだ三角を焼夷区画1号と設定した。損害評価の偵察写真によれば、被害は安治川南側に集中している。

　その後、B-29の戦略爆撃部隊は、沖縄作戦支援に向けられていたが、5月に入って大都市空襲が本格化する。大阪への空襲は、6月1日に焼夷区画1号の南～北西側、7日と15日は焼夷区画1号の東側（大阪城周辺の軍事施設を含む）と立て続けに行われた。7日と15日の空襲では、大阪城周辺の軍事施設には焼夷弾ではなく通常爆弾での爆撃が指示されている。6月4日撮影空中写真は、1日の空襲損害評価と7日の作戦事前偵察であり、6月10日撮影空中写真は、7日の空襲損害評価と15日の作戦事前偵察のものである。6月19日に作成された大阪損害評価図では、焼夷区画1号内のほぼ全域とその周辺にまで焼失域が広がっていることが記載されている。米軍は、これらの作成資料をもとに東京・大阪・名古屋・横浜・神戸・川崎の大都市への空襲は完了したと判断し、中小都市へと空襲の対象を広げていく。その後、7月・8月には、通常爆弾による軍事施設への空襲も行われた。

　戦後、中央大通が整備され、高度成長期には長堀川や西横堀川が埋め立てられるなど、街はその様相を変えていくのである。

OSAKA INCENDIARY ATTACK - 1 JUNE 1945

1945（昭和20）年6月1日の空襲中の撮影。尻無川河口、天保山運河などが煙に包まれている。

INCENDIARY DAMAGE - OSAKA

撮影の正確な日時は不明だが、終戦直後の撮影と思われる。中之島にかかる肥後橋上空付近から南南東方向に撮られた。左端中央から右上に延びているのが御堂筋で、上端が道頓堀である。爆弾によるクレーターのような大穴が点々と見られる。

1/1万地形図
「福島」「大阪城」「大正」「天王寺」（昭和60年編集）

200m

1985（昭和60）**年** 6月6日

撮影縮尺：1/10000
国土地理院空中写真
コース：CKK851-C10A、写真番号：13, 14, 15
コース：CKK851-C11A、写真番号：13, 14

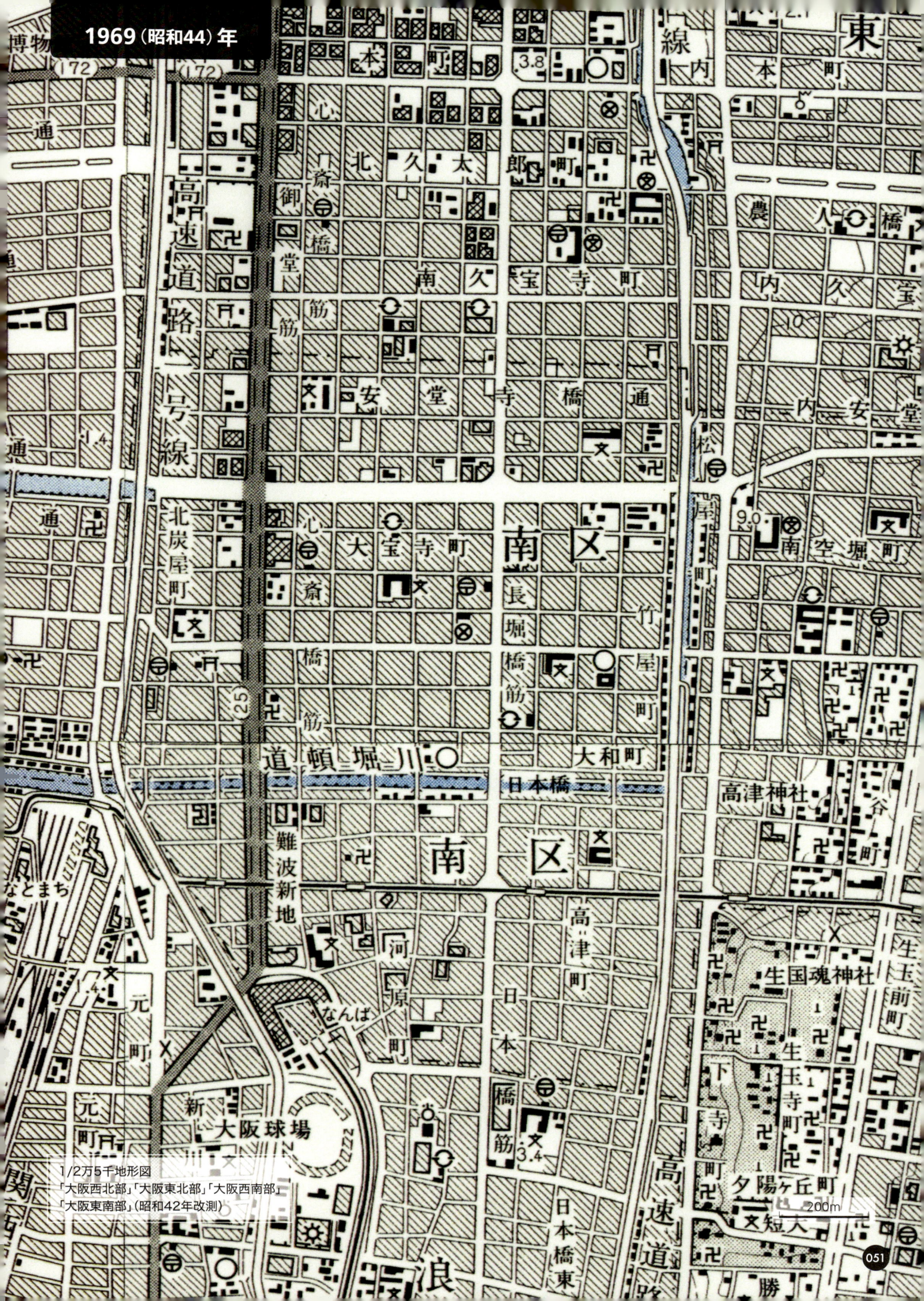

1/2万5千地形図
「大阪西北部」「大阪東北部」「大阪西南部」
「大阪東南部」（昭和42年改測）

200m

撮影縮尺：1/20000
国土地理院空中写真
コース：MKK643X-C6、写真番号：8
コース：MKK643X-C7、写真番号：5

1/1万地形図
「大阪首部」「大阪南部」（昭和27年二修）

200m

1945(昭和20)**年**6月10日

撮影縮尺：1/16000
米国立公文書館所蔵米軍撮影空中写真
コース：3PR-21BC-5M279-2V、写真番号：40b

1945（昭和20）年 6月4日

撮影縮尺：1/16000
米国立公文書館所蔵米軍撮影空中写真
コース番号：3PR-21BC-5M263-3V、写真番号：12ab, 13ab

200m

1/1万地形図
「大阪首部」「大阪南部」（昭和7年部修）

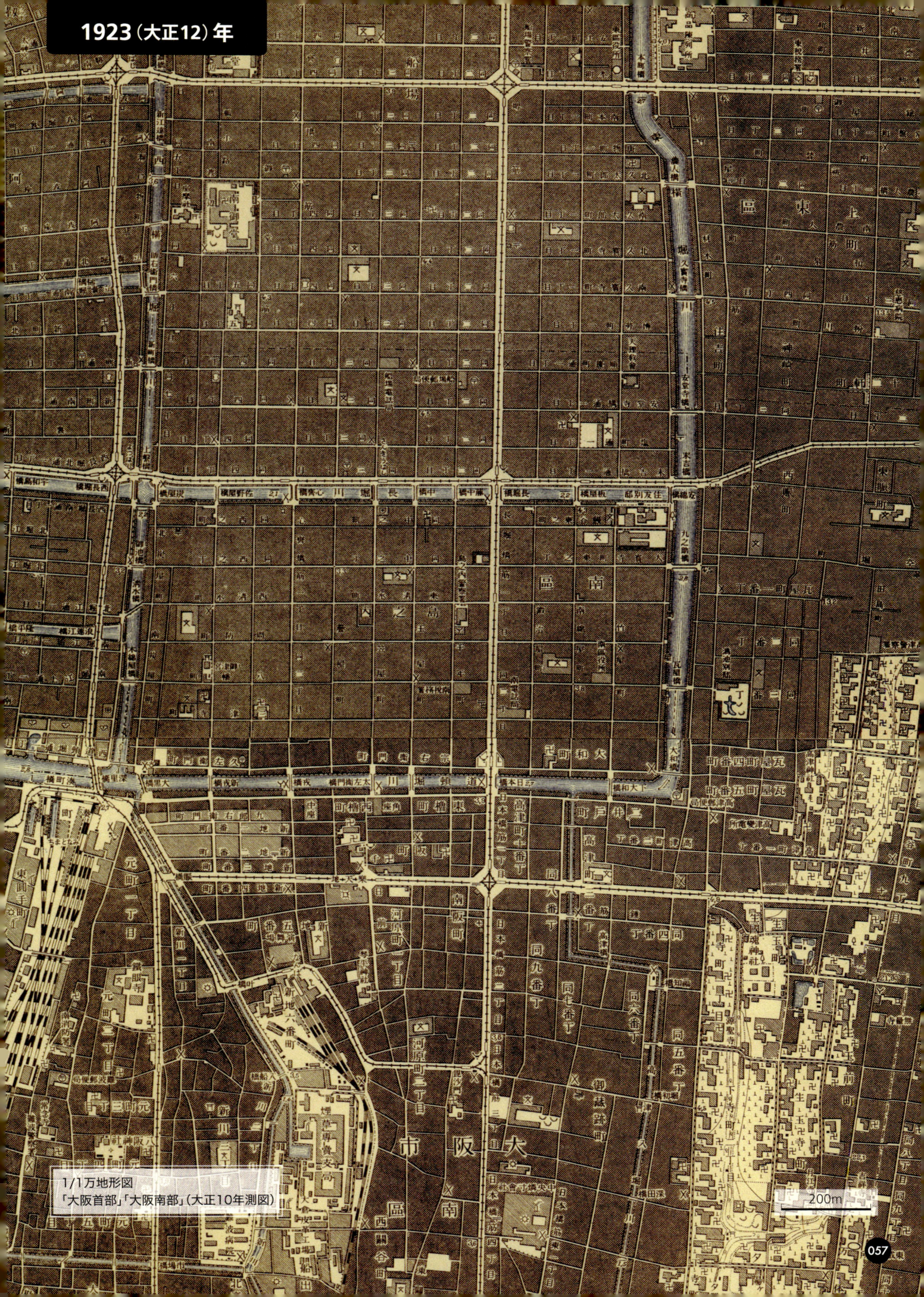

1/1万地形図
「大阪首部」「大阪南部」（大正10年測図）

200m

神戸
KOBE

神戸は、六甲山地のふもとに北東から南西方向に長く伸びた市街地を形成している。六甲山地は主に花崗岩類からなり、神戸市街地側の山地南麓は断層崖である。花崗岩地帯は、その独特な風化で真砂土（まさど）となるために、地すべりを起こしやすい。そのため、すべり面に水を貯めないような排水対策が六甲山地でも行われている。また、花崗岩を通った地下水は、良質な水源ともなり、神戸市街地のみならず神戸港の船舶にも供給された。また、六甲山地南麓の断層崖は、六甲・淡路島断層帯に属する活断層でもある。この活断層によって、1995（平成7）年1月17日に兵庫県南部地震（M7.3）が引き起こされたのである。

神戸の歴史は、平清盛によって大輪田泊（おおわだのとまり）が整備着手された1161（応保元）年頃からといえる。1180（治承4）年6月には福原遷都（行幸とも）が行われ、同年11月までの半年足らずではあるが都となった。その後、源平合戦の一の谷合戦（1184［寿永3］年）や、南北朝期の1336（建武3）年には湊川合戦と幾度も戦場になっているのは、東西を結ぶ陸路と海路の結節点であるがゆえである。

幕末には、1864（元治元）年に神戸海軍操練所が開設され、1868（慶応4）年には「兵庫」として開港し、外国人居留地が設けられた。開港当時の湊川（ほぼ現在の兵庫区と中央区の区境）を境に、南側が江戸期よりの兵庫港、北側が新たに開港した神戸港となっていた。1926（大正15）年と1935（昭和10）年の地形図を比較すると、突堤の数字（第一〜第四）が、東から西だったのが西から東に付け変わっている。これは、東側に港湾整備を進めることを見越したためで、昭和戦前〜戦後期に第五〜第八突堤まで整備された。

神戸への大規模な空襲は、1945（昭和20）年2月4日に始まる。これは、米軍の空襲方針の転換期で、1月の名古屋に続く2回目の試験的な焼夷空襲であった。その後、3月17日、5月11日、6月5日の3回の大空襲によって神戸市街地は焦土となった。

第四突堤から海側に造成された神戸ポートアイランドは、1966（昭和41）年に着工し、竣工した1981（昭和56）年には、ポートピア'81（神戸ポートアイランド博覧会）が開催された。鉄道・道路などの陸路交通網の発達により、市街地の中心が兵庫・神戸から三宮周辺へと移動し、今に至っている。

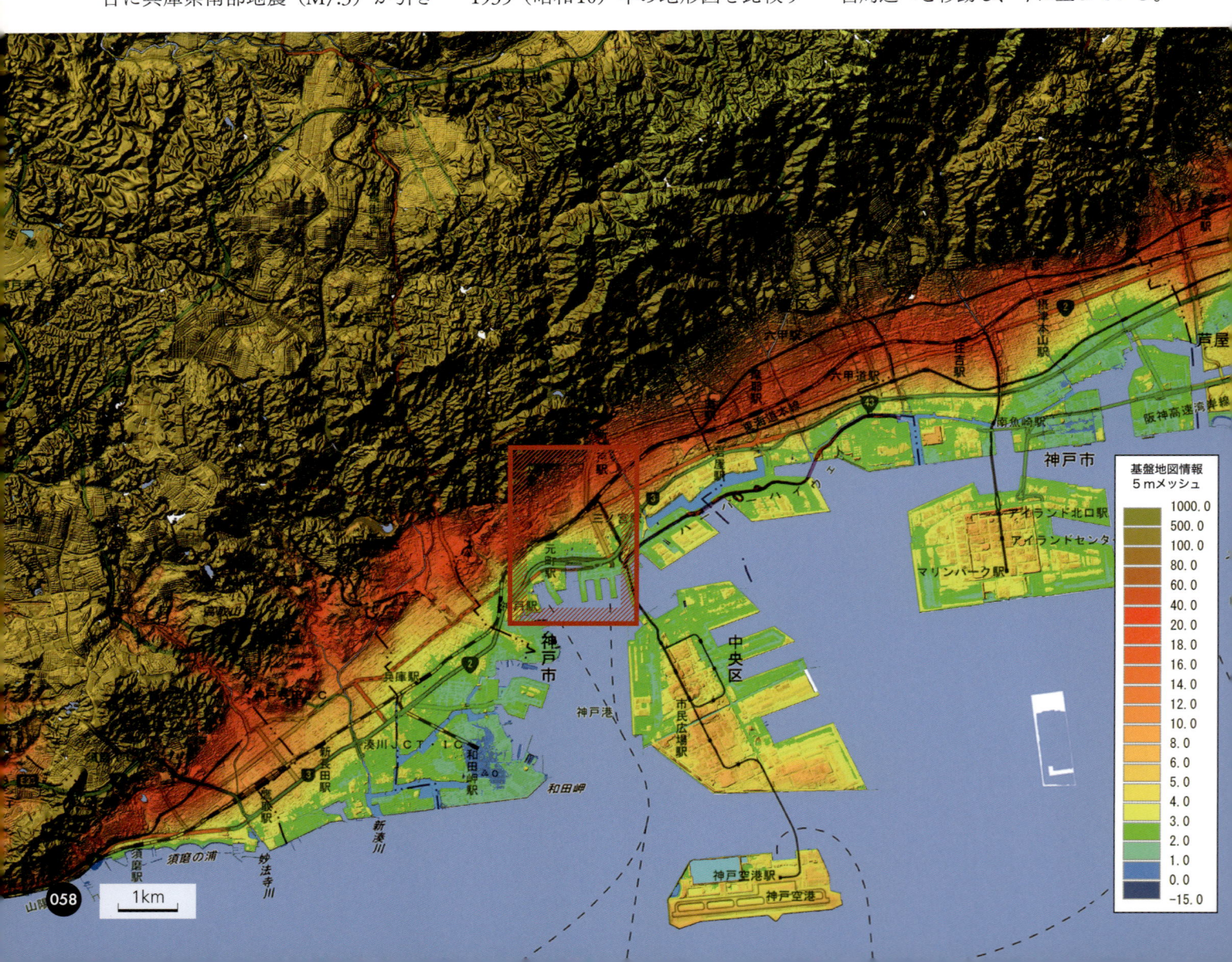

1km

基盤地図情報 5mメッシュ
1000.0
500.0
100.0
80.0
60.0
40.0
20.0
18.0
16.0
14.0
12.0
10.0
8.0
6.0
5.0
4.0
3.0
2.0
1.0
0.0
-15.0

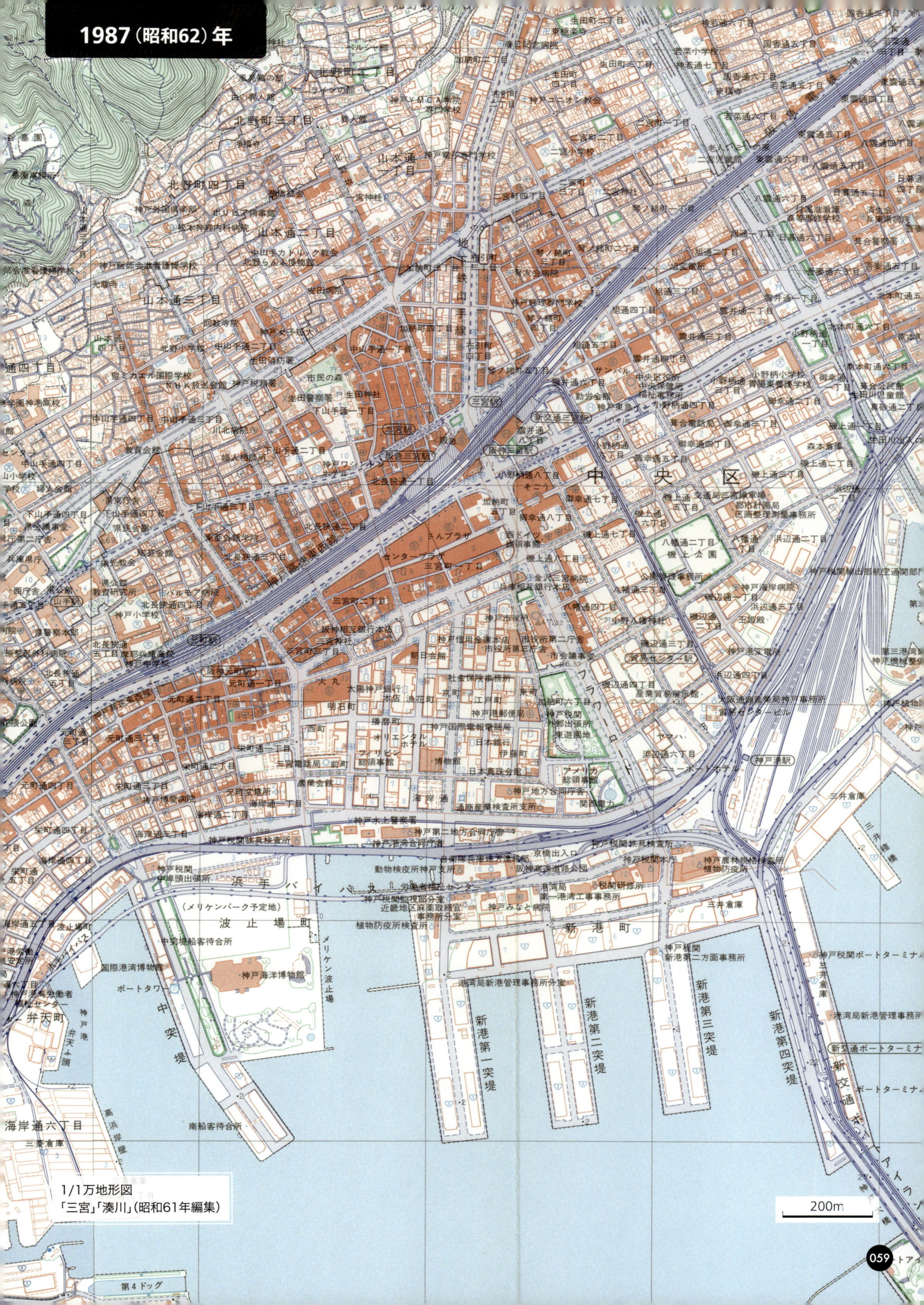

1/1万地形図
「三宮」「湊川」（昭和61年編集）

200m

撮影縮尺：1/10000
国土地理院空中写真
コース：CKK791-C12、写真番号：21, 22
コース：CKK791-C13、写真番号：24, 25, 26
コース：CKK791-C19、写真番号：4, 5, 6

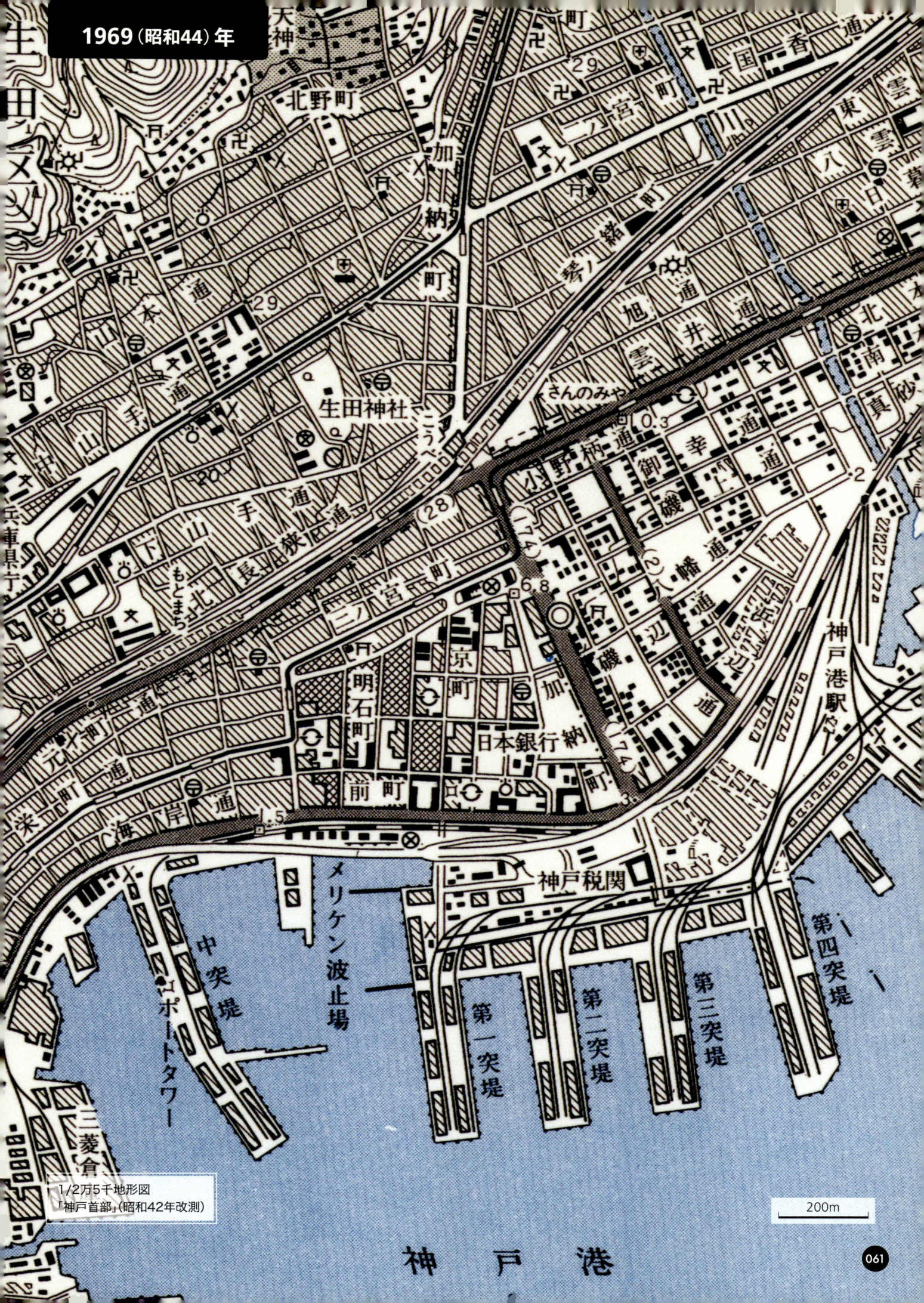

北野町

加納町

生田神社

さんのみや

神戸港駅

生田神社こう

明石町

京町

日本銀行

前町

神戸税関

メリケン波止場

中突堤

ポートタワー

三菱倉

第一突堤

第二突堤

第三突堤

第四突堤

1/2万5千地形図
「神戸首部」（昭和42年改測）

200m

神戸港

061

撮影縮尺：1/20000
国土地理院空中写真
コース：MKK644X-C6、写真番号：10

1/1万地形図
「神戸首部」（昭和27年二修）

200m

撮影縮尺：1/16000
国土地理院空中写真（米軍撮影）
コース：USA-M18-4、写真番号：58, 59, 65, 66

撮影縮尺：1/12500
米国立公文書館所蔵米軍撮影空中写真
コース：6PG-8PS-5M230-Z1-VV、写真番号：34ab, 36ab

200m

1/1万地形図
「神戸首部」（昭和7年修正）

1/1万地形図
「神戸首部」（大正12年測図）

200m

奈良 NARA

奈良盆地は、東西約15km・南北約30kmの断層によって形作られた構造盆地。盆地内の諸河川は、すべて大和川に合流し、大阪平野を経由して大阪湾に注いでいる。

盆地の東縁は、奈良盆地東縁断層帯に限られている。奈良盆地東縁断層帯は、京都府城陽市南部から奈良県桜井市まで、ほぼ南北に約35kmの活断層帯で、東側が相対的に隆起してできた笠置山地となる。この断層帯が活動した場合、M7.4程度の地震が発生し、東側が相対的に概ね3m程度高まると推定されており、今後30年間の地震発生確率ほぼ0〜5％は、日本の主な活断層の中では高いグループに属する。

奈良は、710（和銅3）年の平城京遷都から始まる。平城京は、朱雀大路を中心に右京と左京で東西約4.3km・南北約4.8kmと、左京の東側に東西約1.6km・南北約2.1kmの外京がある。奈良市街中心部は外京の範囲にあたり、JR奈良駅は外京と左京の境界付近に位置している。往時の平城京には、10万人以上の人口があったと推定されている。

都が京都に移ると平城京は寂れるが、外京にある東大寺・興福寺・元興寺は盛んになり、周辺に街が形作られ「南都」とも呼ばれた。南都を1180年（治承4）年に焼き討ちしたのが平氏である。その際、大仏殿を含む東大寺・興福寺は焼け落ちてしまうが、1185（文治元）年には大仏開眼が再び執り行われている。戦国期・1567（永禄10）年に三好・松永の戦により、大仏殿を含む東大寺は再び焼失するが、江戸期の1691（元禄4）年には大仏が再建される。このころの奈良の人口は、3.5万人ほどであった。

奈良市街は散発的な空襲があったが、寺社などの文化遺産は被災しなかった。1945（昭和20）年2月4日撮影の空中写真には、現在の町並みの骨格が記録されている。その後、1960年代の高度成長期に京阪神のベッドタウンとして住宅地化が進み、1961（昭和36）年撮影の空中写真には、市街周辺の田地が宅地へと移り変わる様が写されている。

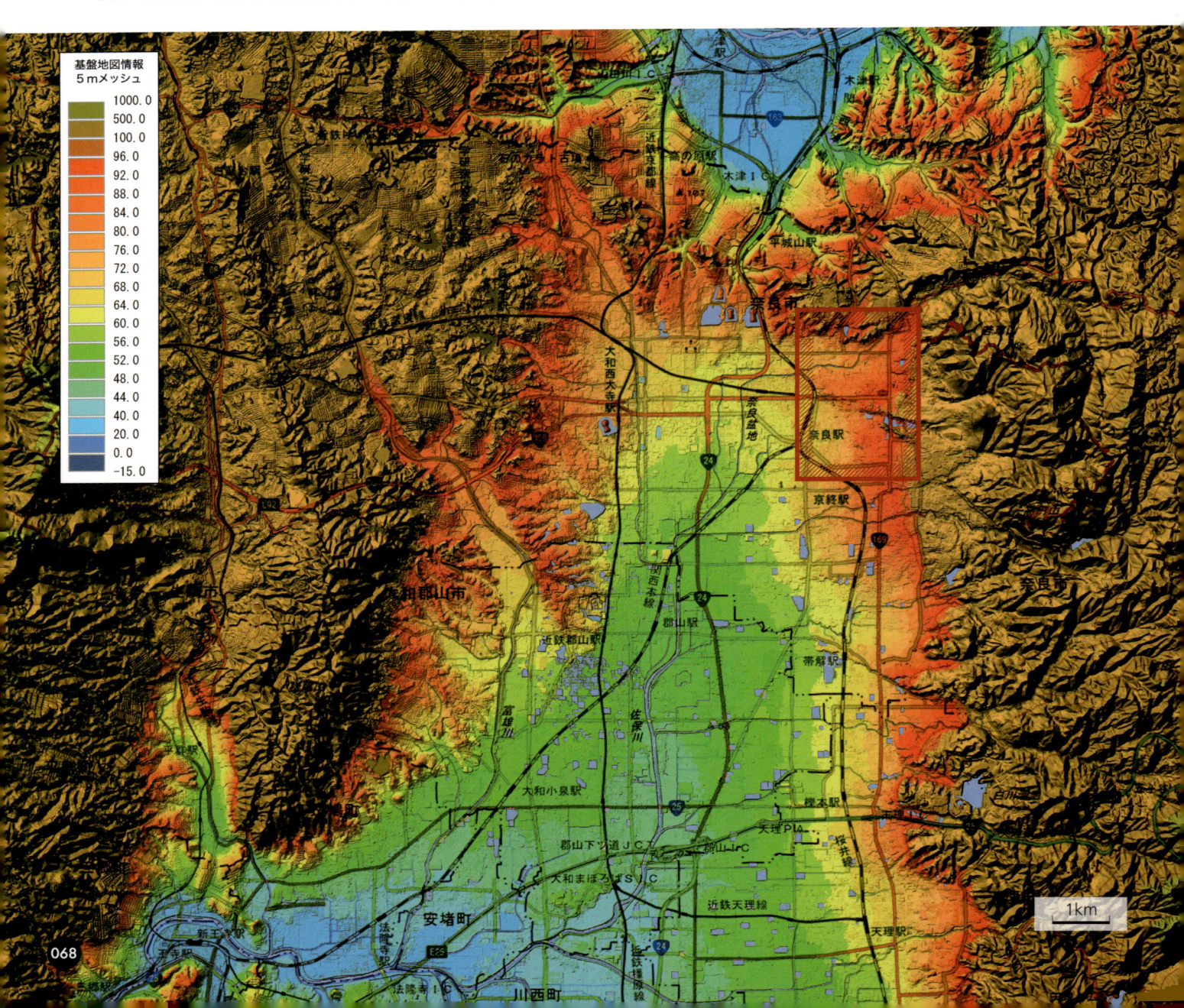

基盤地図情報
5mメッシュ

1km

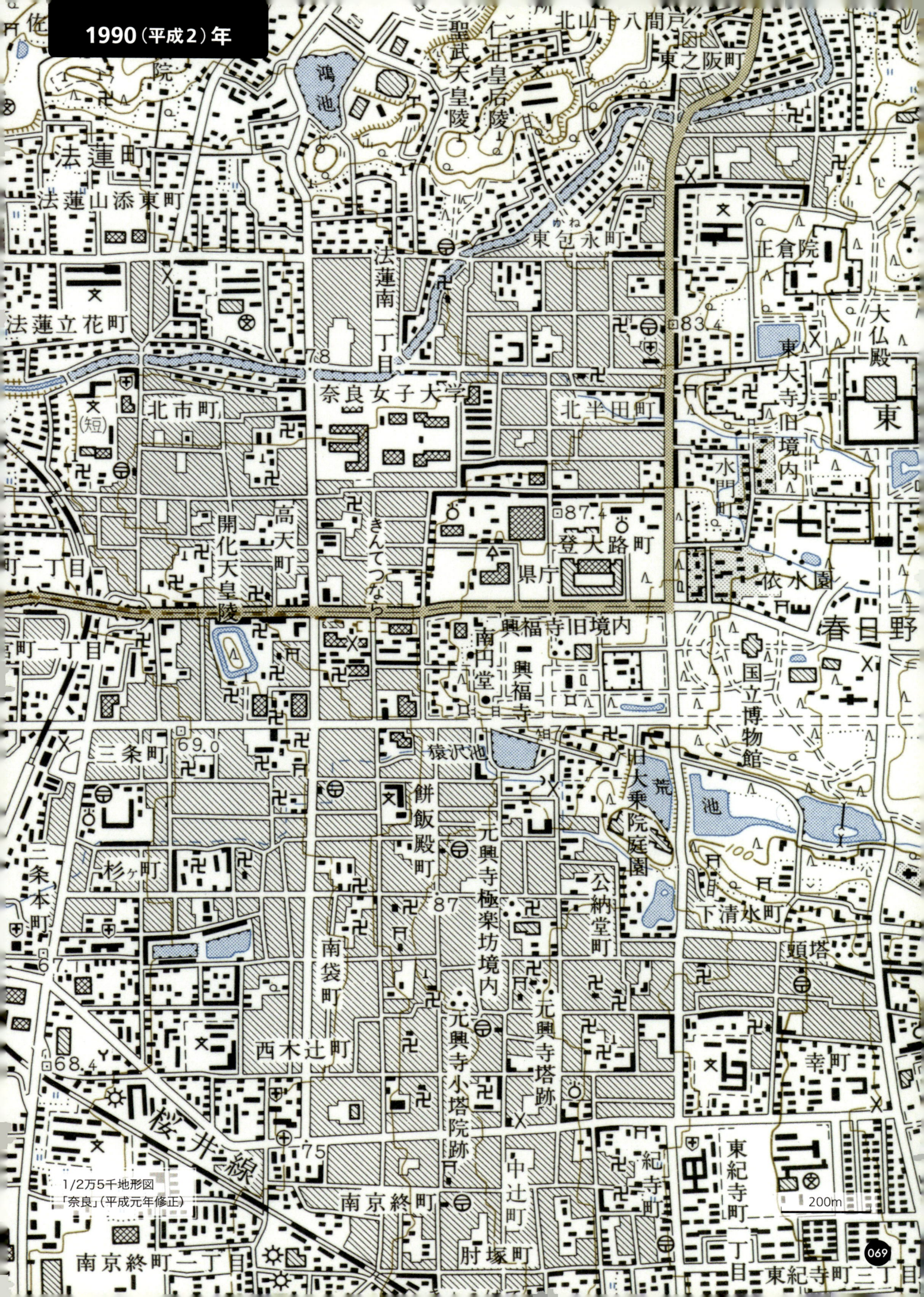

1/2万5千地形図
「奈良」（平成元年修正）

200m

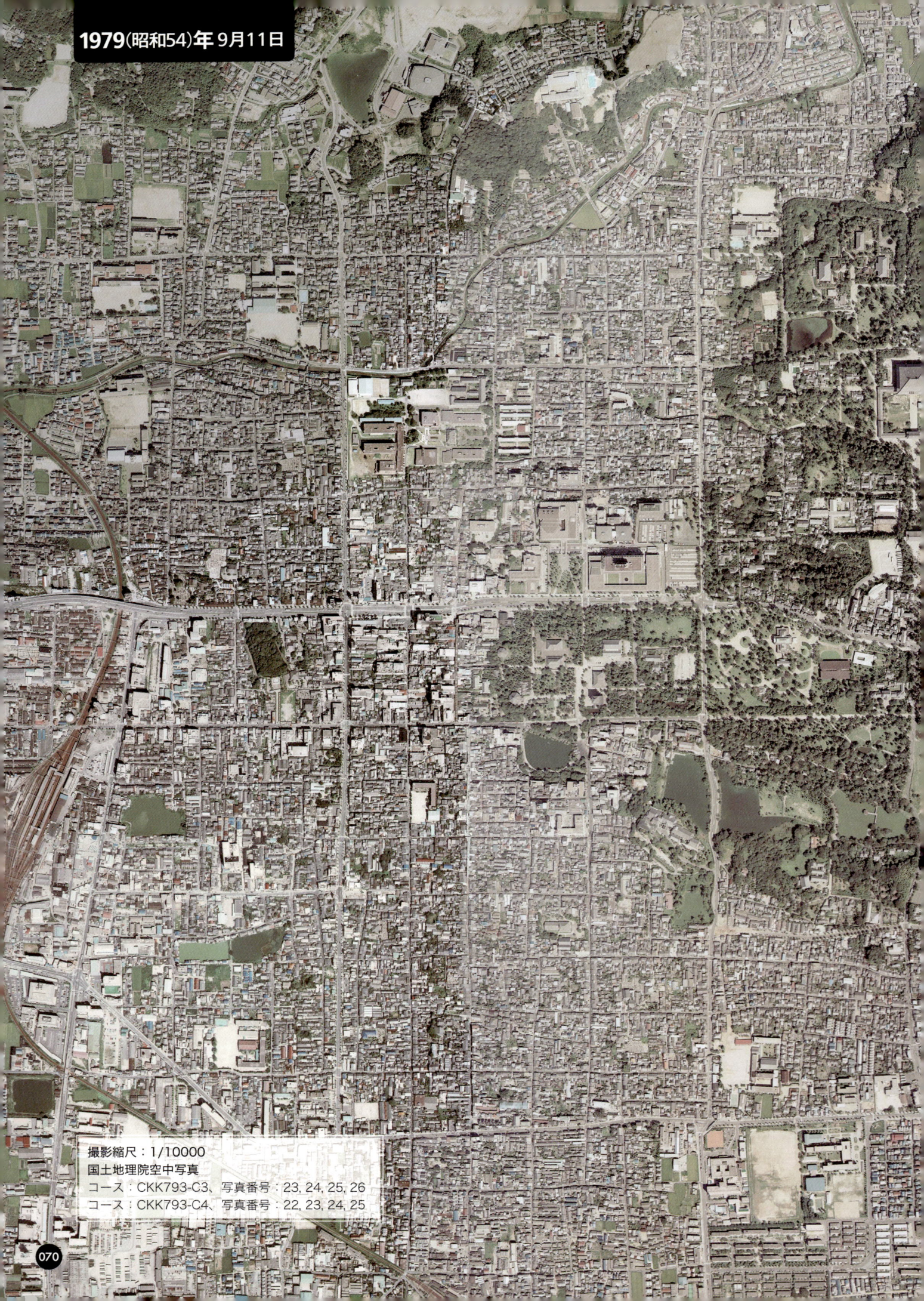

撮影縮尺：1/10000
国土地理院空中写真
コース：CKK793-C3、写真番号：23, 24, 25, 26
コース：CKK793-C4、写真番号：22, 23, 24, 25

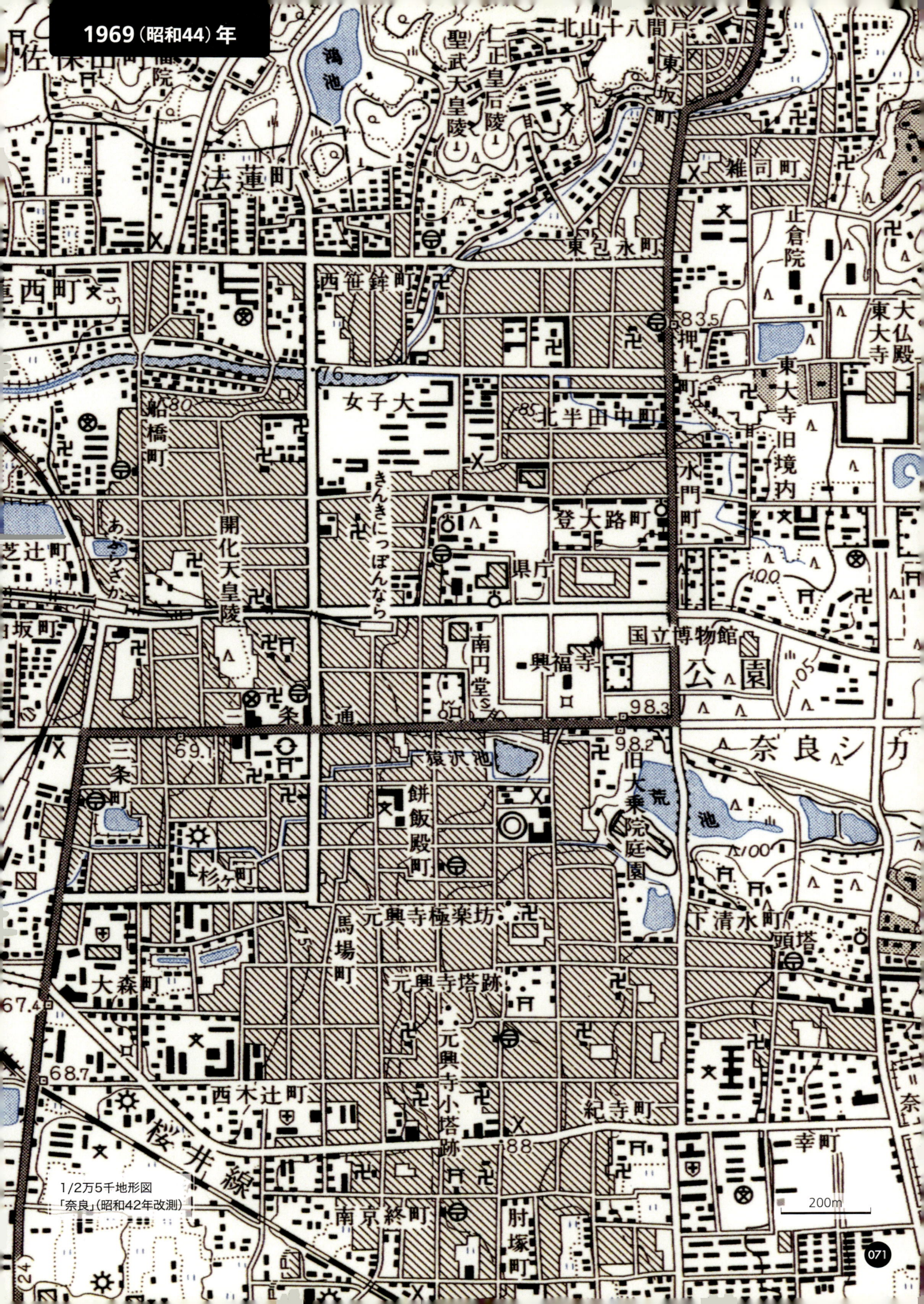

1/2万5千地形図
「奈良」（昭和42年改測）

200m

撮影縮尺：1/10000
国土地理院空中写真
コース：MKK613-C3、写真番号：133,134、1961/6/19
コース：MKK613-C4、写真番号：187,188、1961/6/19
コース：MKK613-C5、写真番号：189,190、1961/5/30

撮影縮尺：1/17250
米国立公文書館所蔵米軍撮影空中写真
コース：3PR-21BC-5M032-2V、写真番号：83ab

200m

和歌山 WAKAYAMA

和歌山市街は、北部の和泉山脈と南部の紀伊山地の間を流れる紀ノ川の河口部に広がっている。紀ノ川の谷の北縁≒和泉山脈の南縁は中央構造線の一部であり、中央構造線断層帯の存在が確認されている。また、この地域に周期的に、津波を含む大きな被害をもたらす地震としては南海地震がある。南海地震は、潮岬沖〜足摺岬沖の南海トラフを震源域とするM8〜9程度の海溝型巨大地震で、プレートの沈み込みによって蓄積されたひずみが約100〜

200年の間隔で解放される際に発生している。前回に相当する地震は、昭和東南海地震（1944［昭和19］年）、昭和南海地震（1946［昭和21］年）であり、次の大地震発生の可能性が高まっている。

和歌山城を中心として形成された城下町が、和歌山市街の元である。和歌山城は、1585（天正13）年に豊臣秀吉から紀伊・和泉両国を与えられた弟・秀長が、藤堂高虎らに普請を命じて虎伏山（ふすやま）に築城した。徳川家康の十男・頼宣（のぶ）が御三家の一つ紀州徳川家として入封してから行われた大規模な拡張工事によって、和歌山城及び周辺市街地の骨格が形成された。この紀州徳川家からは、8代・吉宗と14代・家茂（いえもち）が

将軍となっている。

和歌山周辺は、江戸期から綿織物が盛んで、1928（昭和3）年の地形図には、紡績業の工場がいくつも見られる。周辺部に金属や化学などの工場が置かれ「南海の工都」とも言われ、そのため戦争中には十数回の空襲を受けることとなった。最大の被害は7月9日から10日にかけての夜間空襲である。この空襲で和歌山城天守閣を含め、市街地はほぼ全域が焼失した。戦後は、戦災復興計画に基づき、市街地を貫く主要道路が整備されていく様子が1961（昭和36）年撮影空中写真からわかる。また、主要道路以外の街区は、おおよそ元通りに復興されており、城下町の町割りも遺されている。

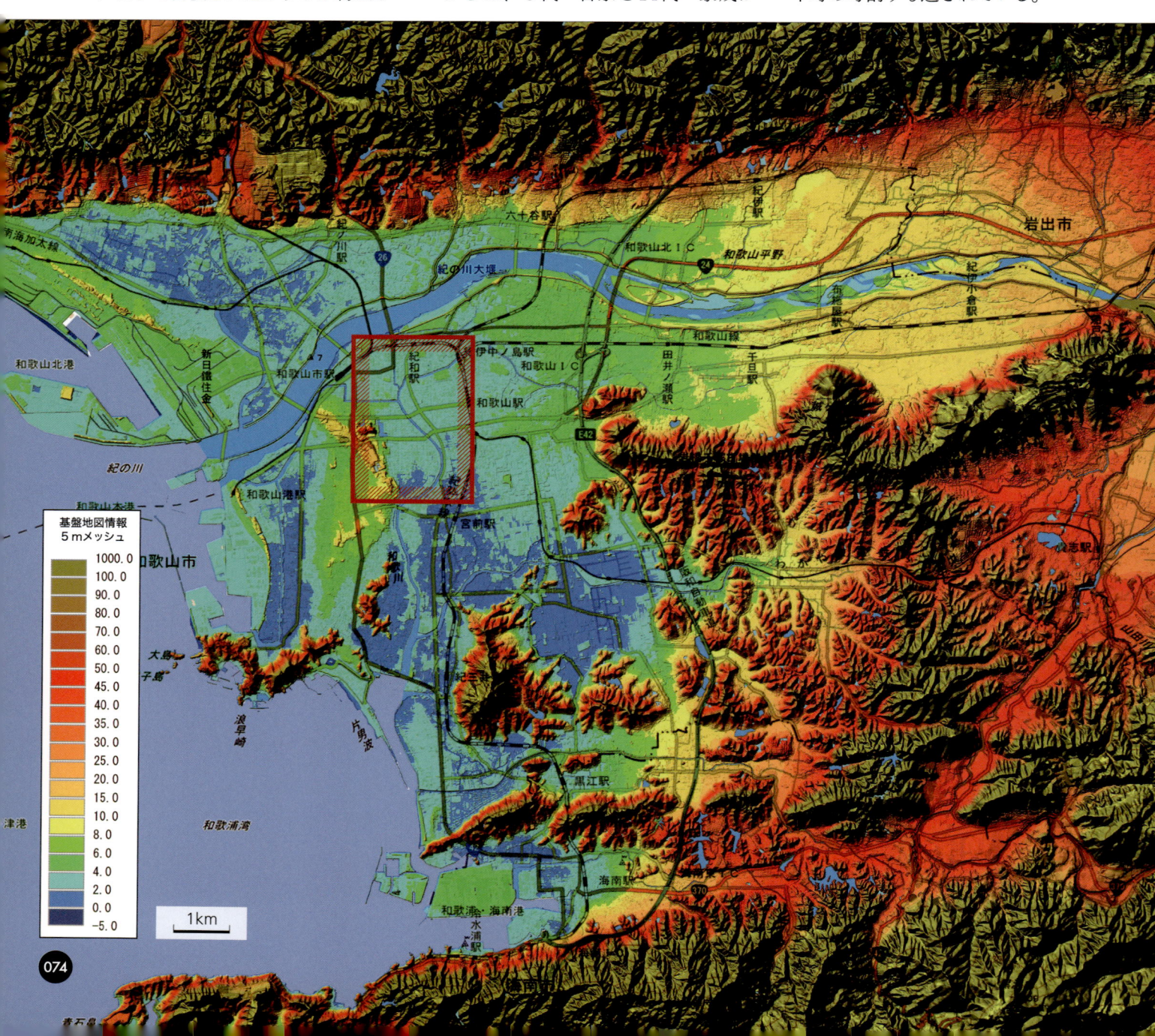

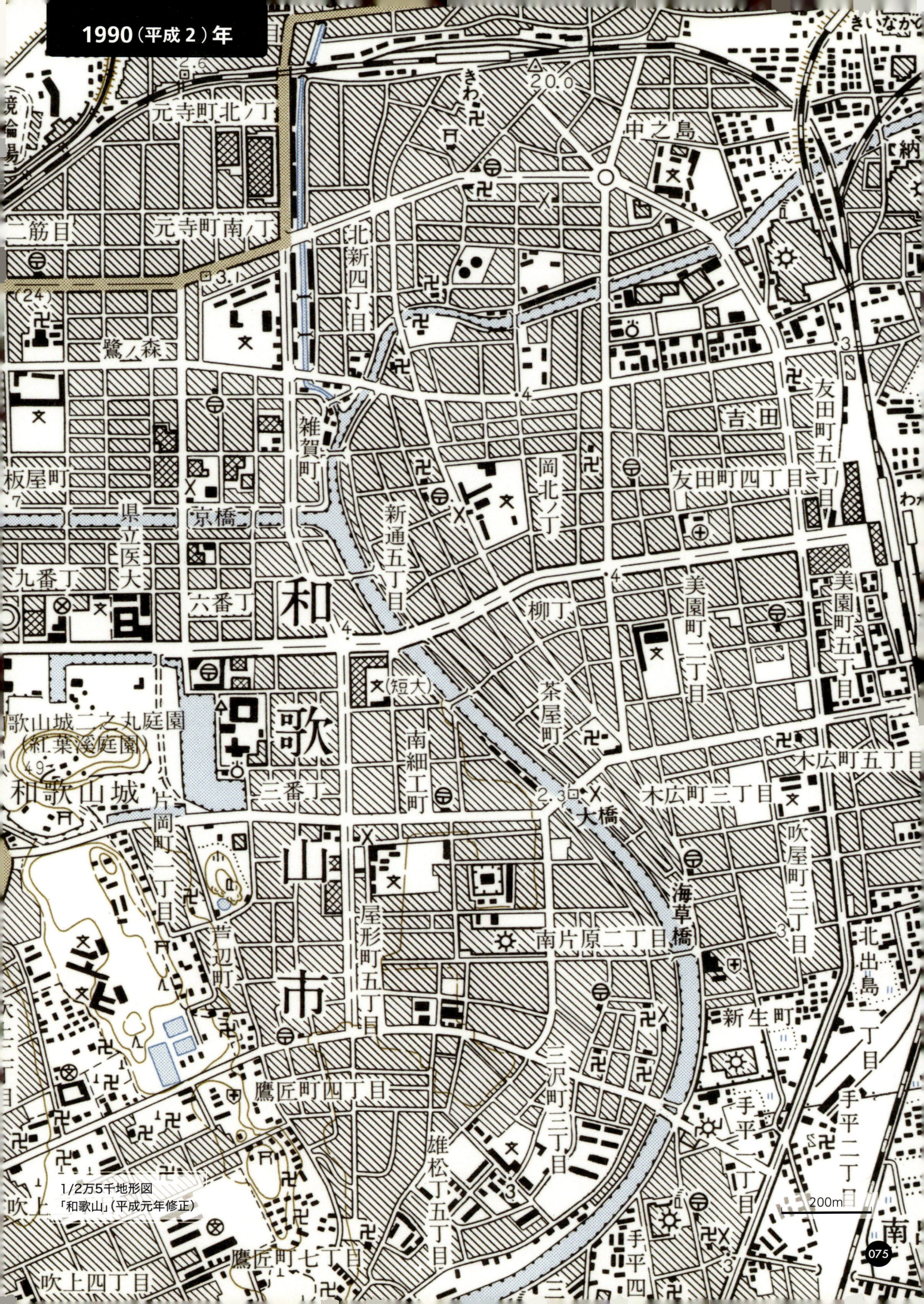

1/2万5千地形図
「和歌山」（平成元年修正）

200m

撮影縮尺：1/10000
国土地理院空中写真
コース：CKK794-C19、写真番号：7, 8, 9
コース：CKK794-C20、写真番号：7, 8

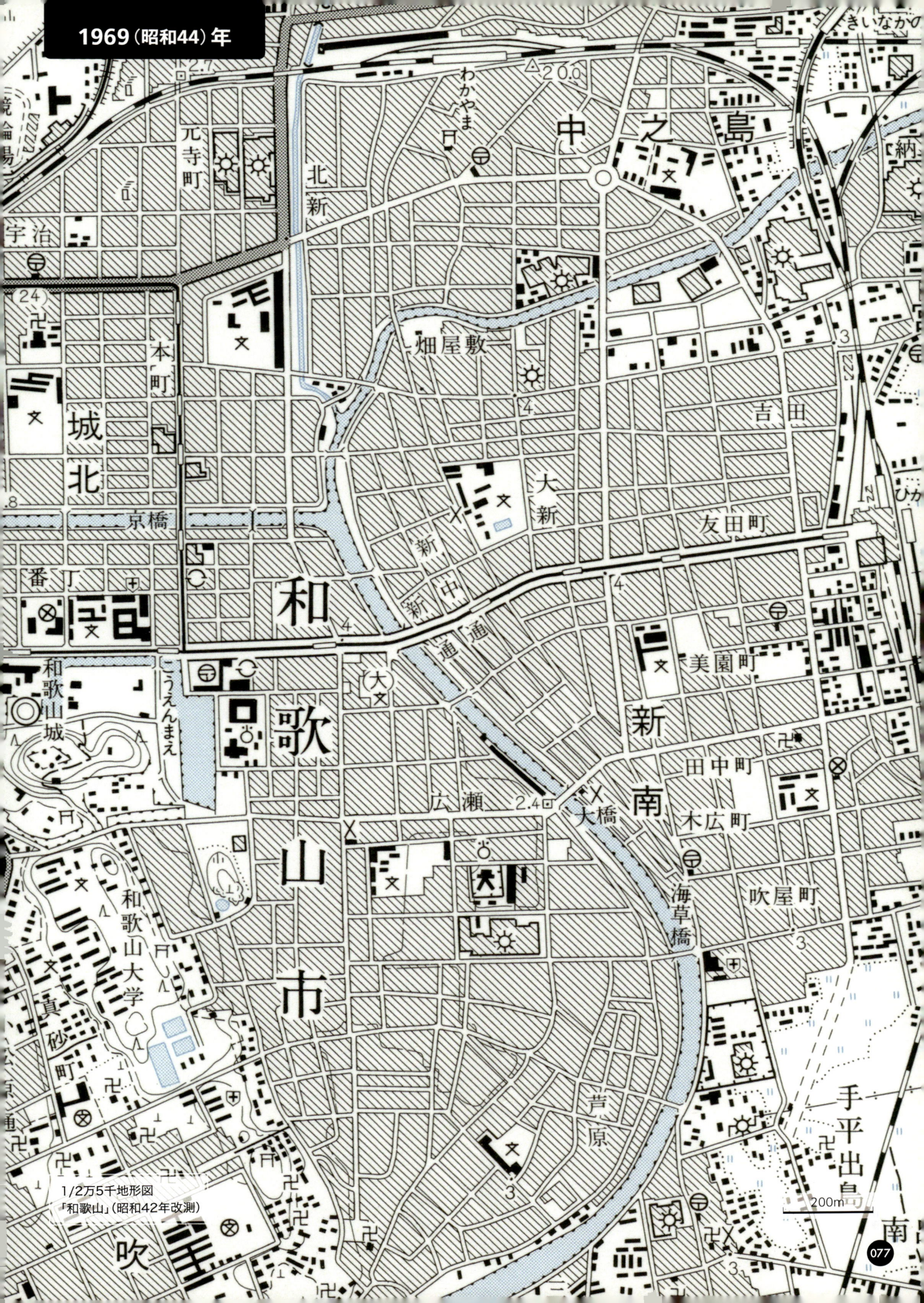

1/2万5千地形図
「和歌山」（昭和42年改測）

200m

撮影縮尺：1/10000
国土地理院空中写真
コース：MKK619-C7、写真番号：7, 8, 9、1961/11/11
コース：MKK619-C8、写真番号：6, 7, 8、1961/11/27
コース：MKK619-C9、写真番号：4, 5, 6、1961/11/27

1947（昭和22）**年** 9月22日

撮影縮尺：1/16000
国土地理院空中写真（米軍撮影）
コース番号：USA-R506-4、写真番号：28, 30, 65

200m

撮影縮尺：1/12500
米国立公文書館所蔵米軍撮影空中写真
コース番号：6PG-8PS-5M230-Z1-VV、
写真番号：72b, 73b, 74b

1/2万5千地形図
「和歌山」（昭和2年鉄補）

200m

広島 HIROSHIMA

広島の地形は、周辺地域の地質との関連性が深い。広島周辺の中国山地には広範囲に花崗岩が分布している。花崗岩は、風化すると鉱物の粗い粒子を残したままばらばらの状態になり、非常にもろく崩れやすい真砂土（まさど）になる。花崗岩上にある真砂土は、その境界面をすべり面として流出しやすい。そのために、山地から平野に遷る部分に丘陵地が発達しにくく、山地と平野の境目が明瞭になっていることが地形段彩図から見て取れる。

広島市街地は、中国山地から流れ出る太田川が形成した三角州上に位置する。太田川が分流し始める祇園大橋あたりでも標高は5m程度で、非常に低平であることがわかる。これは、自然地形の三角州下流部に干拓を行うことで、市街地を広げたためでもある。

広島市街地は、低平であるがゆえに数々の洪水に見舞われており、太田川の治水は歴代の為政者によって営々と行われてきた。三角州部分の河川が現在の流路に整備されたのは、1932（昭和7）年に着手された放水路事業などを経て、1967（昭和42）年のこと。太田川市内7川（山手川・福島川・天満川・旧太田川・元安川・京橋川・猿猴川（えんこう））のうち、山手川と福島川を放水路として統合整備されている。

1589（天正17）年に毛利輝元が広島城を築いてのち、広島は瀬戸内海に面する要地としての歴史は現在まで続いている。1871（明治4）年、廃藩置県によって広島県が発足し、県庁は広島城内に置かれ、1873（明治6）年には「広島鎮台」が広島城に設置された。1894（明治27）年の日清戦争中には、明治天皇が広島へ移り、大本営が広島城内に設けられて臨時帝国議会も開かれるなど、臨時の首都の様相を呈した。その後、1904〜1905（明治37〜38）年の日露戦争などの戦争によって、軍関係の諸施設が次々と設置されて、広島が軍都としての性格を強めていった。昭和8（1933）年の地形図にも「大本営跡」の記載がある。

昭和20（1945）年8月6日、相生橋をターゲットにした人類史上最初の原子爆弾が市中心部上空約600mで炸裂。広島は一瞬にして焦土と化し、壊滅的な被害を受けた。同年7月の写真では、後の相生通り・平和大通り・鯉城（りじょう）通りなどで建物疎開の様子がうかがえる。

1946（昭和21）年には、復興都市計画が決定されたが、資金難などで難航した。1949（昭和24）年に公布された「広島平和記念都市建設法」によって道路・橋梁・住宅などの整備が本格的に進んだ。その後、周辺自治体との合併を経て、1980（昭和55）年4月1日には、全国で10番目の政令指定都市となった。

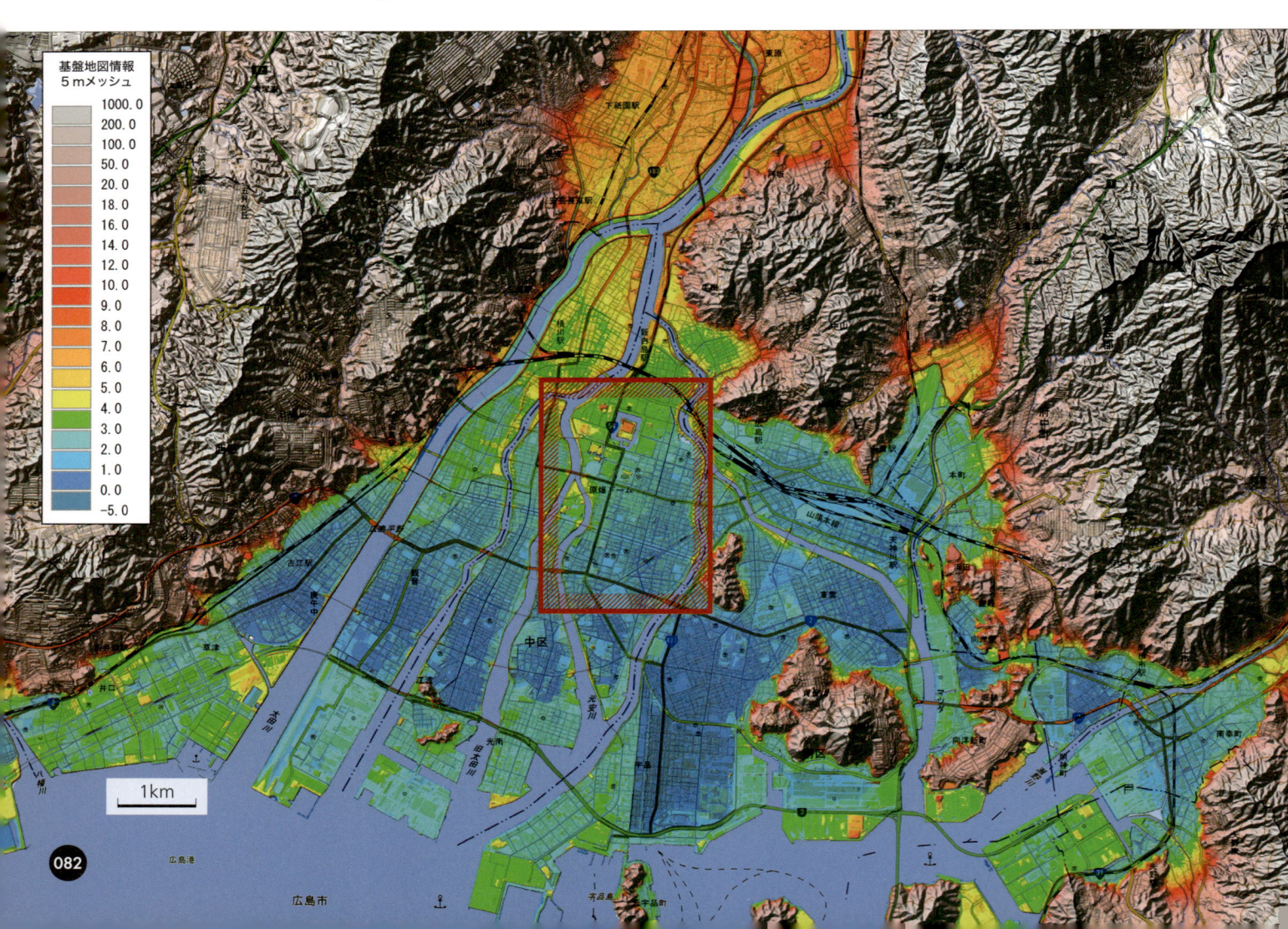

1/1万地形図
「平和公園」「広島駅」「江波」「黄金山」（平成3年編集）

200m

撮影縮尺：1/10000
国土地理院空中写真
コース：CCG881-C9、写真番号：24, 25
コース：CCG881-C10、写真番号：25, 26
コース：CCG881-C11、写真番号：25, 26

撮影縮尺：1/8000
国土地理院空中写真
コース：CCG747-C10A、写真番号：29, 30, 31、1975/1/14
コース：CCG747-C11A、写真番号：28, 29, 30、1975/1/14
コース：CCG747-C12B、写真番号：17, 18, 19、1975/1/31

200m

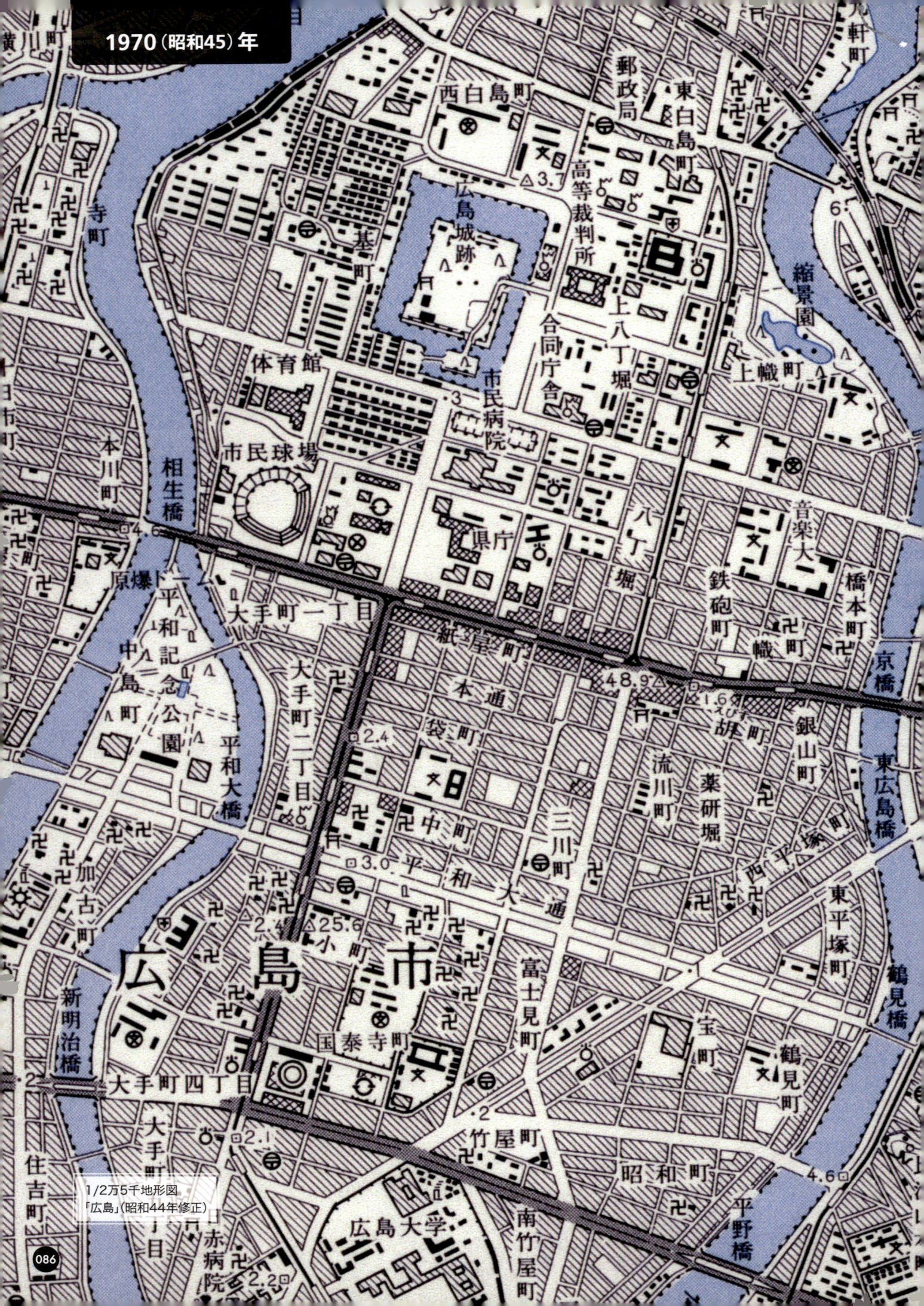

1/2万5千地形図
「広島」（昭和44年修正）

撮影縮尺：1/10000
国土地理院空中写真
コース：MCG628-C15、写真番号：10,11,12、1962/5/26
コース：MCG628-C16A、写真番号：10,11,12、1962/8/12

200m

1/1万地形図
「広島首部」（昭和34年要修）
「広島北部」（昭和34年資修）

撮影縮尺：1/20000
米国立公文書館所蔵米軍撮影空中写真
コース：3PR-20AF-5M421-1V、写真番号：114

200m

撮影縮尺：1/9500
米国立公文書館所蔵米軍撮影空中写真
コース：6PG-25PS-5M220-Z3-2V、写真番号：113b,114b

撮影縮尺：1/14000
米国立公文書館所蔵米軍撮影空中写真
コース：28PRS-5M335-VV、写真番号：50ab, 51ab

200m

撮影縮尺：1/12000
旧陸軍撮影空中写真
コース：B26-C2、写真番号：21, 22, 23, 24
コース：B26-C3、写真番号：37, 38, 39
コース：B26-C4、写真番号：52, 53, 54, 55

1/2万5千地形図
「広島」（昭和7年部修）

200m

呉 KURE

呉は、湾の周囲を山と島に囲まれて背後に丘陵を持つ天然の良港で、古くは村上水軍の根城の一つといわれている。明治期に入り軍備の近代化を進める中で、1886（明治19）年に海軍条例を制定して日本沿岸の海面を5海軍区に分け、各海軍区に鎮守府と軍港の設置を定めた。第一海軍区に横須賀鎮守府を、1889（明治22）年に第二海軍区に呉鎮守府、第三海軍区に佐世保鎮守府、1901（明治34）年に第四海軍区に舞鶴鎮守府をそれぞれ開庁した。

1903（明治36）年、鎮守府内に設置されていた造船部門と兵器製造部門を呉海軍工廠に統一。翌年には日露戦争を迎えて、さらに製鋼部門を増設、東洋一の大工場とも世界の二大兵器工場ともいわれた。また、1921（大正10）年には、呉市街から休山を挟んで東側の広村（現・呉市）に呉海軍工廠広支廠が設置され、1923（大正12）年には広海軍工廠となり、主に航空機開発を担うようになる。呉港及びその周辺には海軍施設が集中し、多くの職工が集まり発展、日本海軍艦艇建造の中心となった。そして、1940（昭和15）年には戦艦「大和」が進水する。

1945（昭和20）年3月、米軍は沖縄戦に向けて日本海軍艦船の動向、特に戦艦大和の所在を偵察撮影によって情報収集していた。結果、3月28日に呉湾に停泊する戦艦大和を、次いで4月6日に徳山沖に停泊する戦艦大和を撮影。この翌日・4月7日に戦艦大和は薩摩半島坊ノ岬沖で撃沈されることとなる。

7月1日深夜（7月2日午前0時2分）から開始された呉市街への大規模空襲は、中小都市空襲の第4回空襲の一つとして行われた。それまでの空襲で、強力で正確な対空砲火を受けていた米軍は、特殊レーダー対策機や救難用機なども随行させていたが、抵抗は微弱であったとレポートされている。

戦後、1950（昭和25）年に「旧軍港市転換法」が制定され、旧海軍施設の民間利用が可能になり企業誘致が行われ、1952（昭和27）年には「大和」建造ドッグから当時世界最大級のタンカーが進水した。また呉港の一部は、1954（昭和29）年の防衛庁海上自衛隊の発足時から呉基地として現在に至っている。

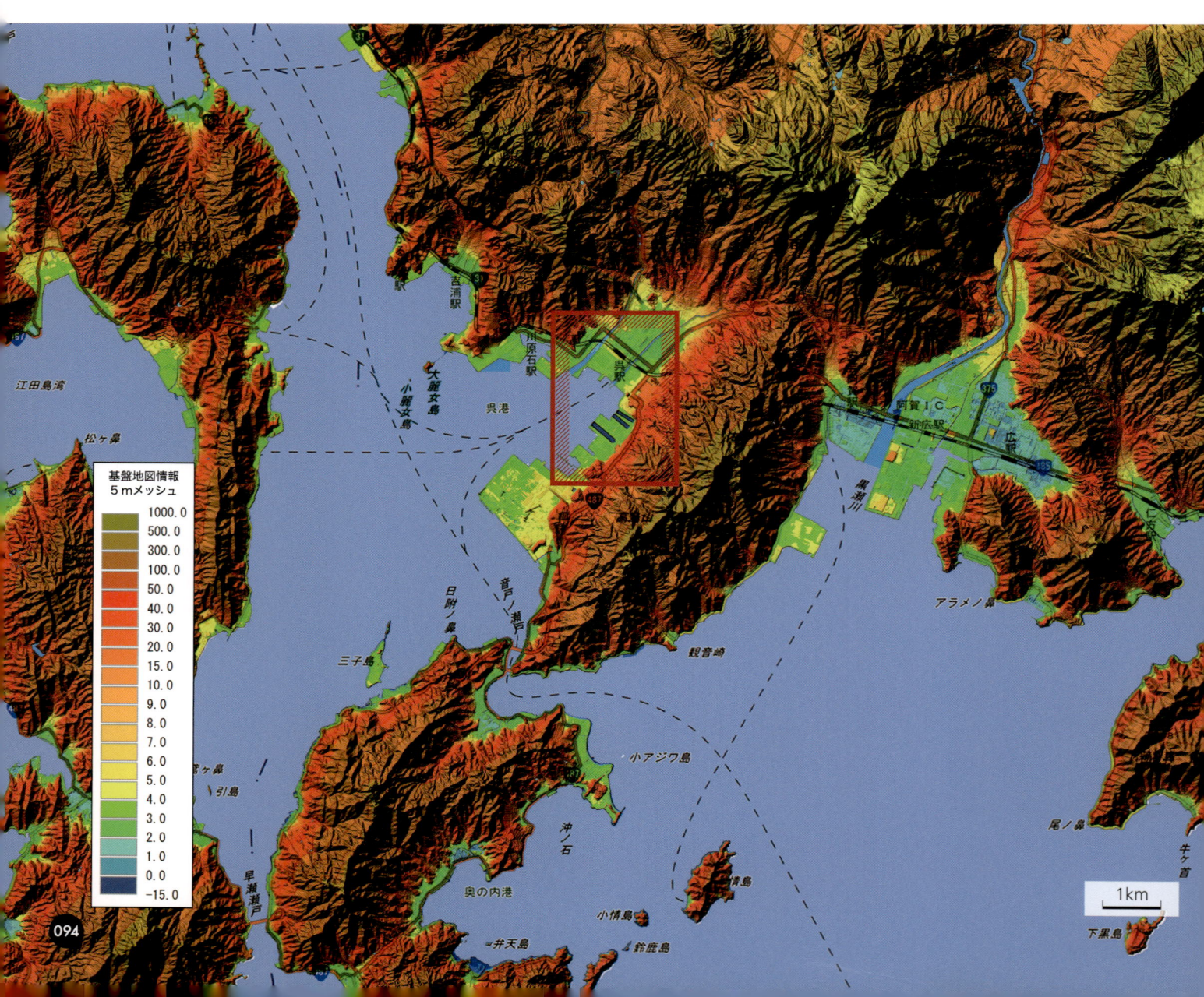

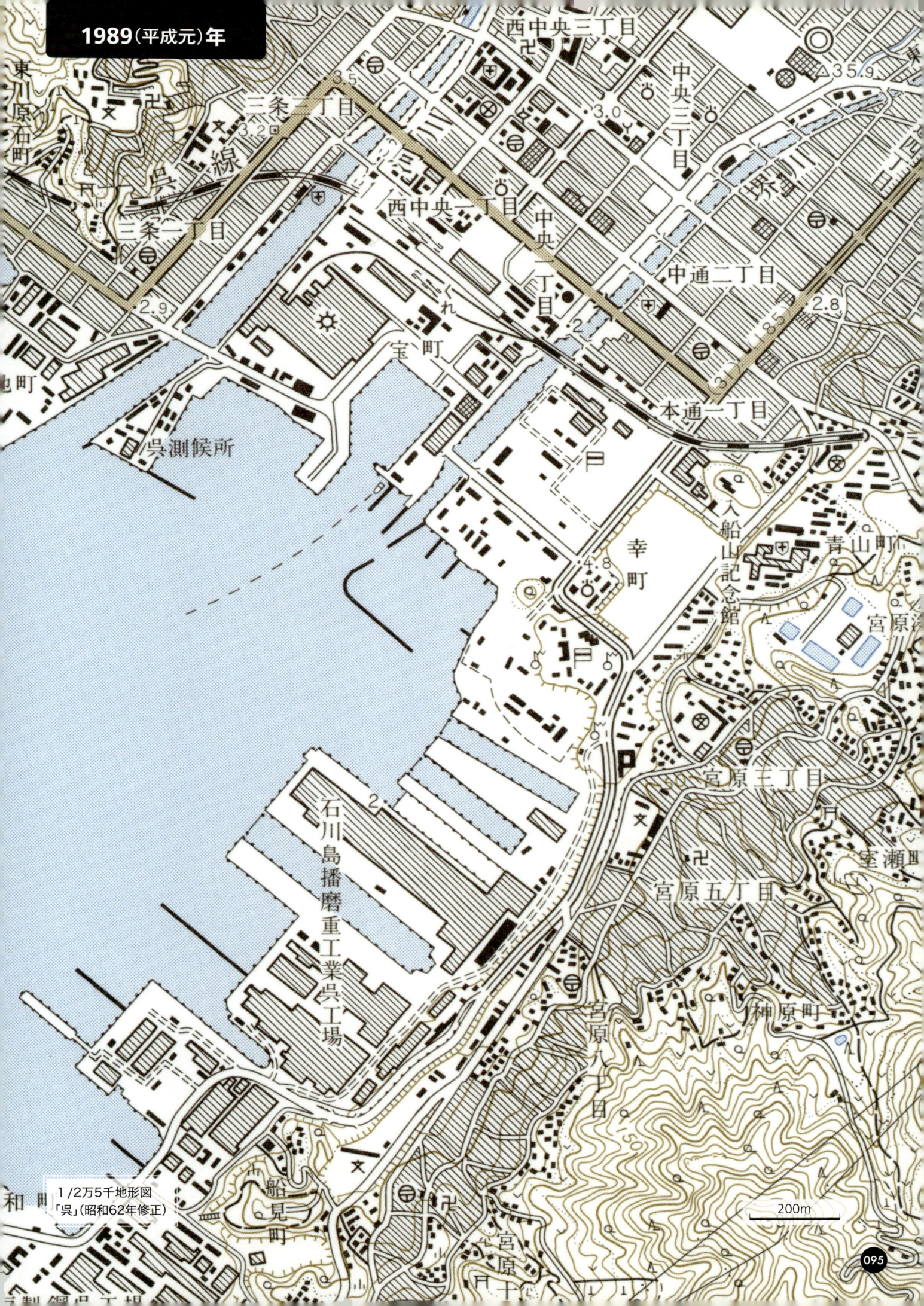

東川原石町

三条二丁目

西中央三丁目

中央三丁目

三条一丁目

西中央一丁目

中通二丁目

中央一丁目

宝町

本通一丁目

呉測候所

入船山記念館

幸町

青山町

宮原

宮原三丁目

室瀬町

石川島播磨重工業呉工場

宮原五丁目

神原町

船見町

宮原

1981(昭和56)**年** 10月15日

撮影縮尺：1/10000
国土地理院空中写真
コース：CCG814-C9A、写真番号：4, 5, 6
コース：CCG814-C10A、写真番号：2, 3, 4, 5

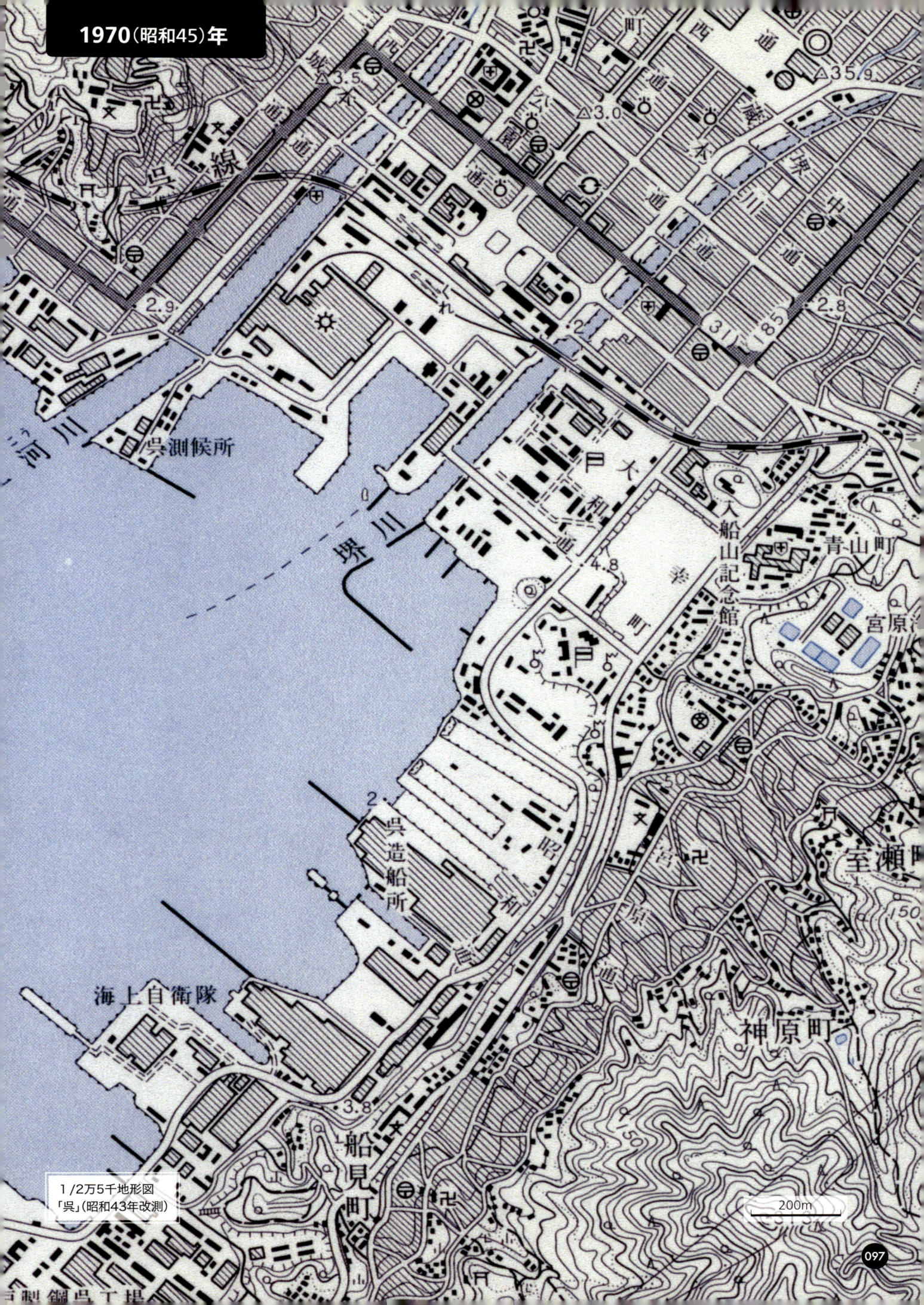

呉測候所

堺川

呉造船所

戸大
和
通

大船山記念館

青山町

宮原

室瀬

海上自衛隊

神原町

船見町

200m

撮影縮尺：1/20000
国土地理院空中写真
コース：MCG664X-C4、写真番号：6

撮影縮尺：1/6000
国土地理院空中写真（米軍撮影）
コース：USA-M312-2、写真番号：117-125,134-142,155-162,171-182、1947/5/1
コース：USA-M308、写真番号：86-90,97-102,111-116,142,143、1947/5/19

200m

撮影縮尺：1/12500
米国立公文書館所蔵米軍撮影空中写真
コース：6PG-25PS-5M296-2-7-VV、
写真番号：75a, 76ab, 77b

1945（昭和20）年 4月12日

撮影縮尺：1/9500
米国立公文書館所蔵米軍撮影空中写真
コース：3PR-21BC-5M135、
写真番号：LSV69, LSV70, LSV71, RSV69, RSV70, RSV71

200m

偵察撮影された戦艦大和
撮影日　　1945（昭和20）年 4月6日
撮影縮尺　1/15000　×4.5
米国立公文書館所蔵米軍撮影空中写真
コース：3PR-21BC-5M121-2V、写真番号：37a

下関 SHIMONOSEKI

瀬戸内海（周防灘）と日本海（響灘）を結ぶ関門海峡に面する下関は、まさに要地であり、古来より多くの人びとが行き交う土地である。7世紀、長府には長門国の国府が置かれ、1185（元暦2・寿永4）年には壇ノ浦の戦いで平家が滅亡し、室町期には大内氏が下関を中心に周防・長門・豊前の守護となる。戦乱の世を経て、江戸期は長州藩及びその支藩が治め、西廻り航路最大の寄港地となる。宮本武蔵と佐々木小次郎の巌流島の決闘は江戸の初期のこと。幕末期には、長州藩による米商船砲撃事件から下関戦争があり、高杉晋作による奇兵隊挙兵も下関である。

下関は、赤間ヶ関や馬関とも称され、1889（明治22）年の市制施行の際には赤間関市であったが、1902（明治35）年に下関市に改称した。1895（明治28）年には日清戦争後の下関条約が締結されている。1901（明治34）年に山陽鉄道の終点として馬関駅（現・下関駅）が細江町に開業し、1905（明治38）年に関釜連絡船が就航し、ターミナルとして発展する。

関門海峡を通過する貨物輸送は、1911（明治44）年から日本で最初の貨車航送が開始された。しかし、その輸送量が限界に達しつつあったこともあり、世界初の海底鉄道トンネルである関門鉄道トンネル工事が1936年（昭和11年）に着工し、下り線が1942（昭和17）年、上り線が1944（昭和19）年に開通した。その際に、下関本土と彦島を隔てる小門海峡北岸に埋立地を

造成し、下関駅は現在地に移転した。

関門鉄道トンネルは、開戦後の開通であるために、詳細な経路を米軍は把握していなかった。しかし、トンネルの下関側の入口は上空から容易に視認できたために、1945（昭和20）年3月31日撮影空中写真によって、米軍は関門鉄道トンネルの全容を分析し得たのである。その後、関門鉄道トンネルの攻撃プランが立てられ、7月31日実行されたが天候のため視認できず攻撃中止となるなど、破壊されずに終戦となった。

その後も、1958（昭和33）年に世界初の海底国道トンネルである関門国道トンネルが開通し、1973（昭和48）年には関門橋が開通、1975（昭和50）年には山陽新幹線開通にともない新関門トンネルが開通と、九州との往来は便利になる一方、下関は通過点となっていった。

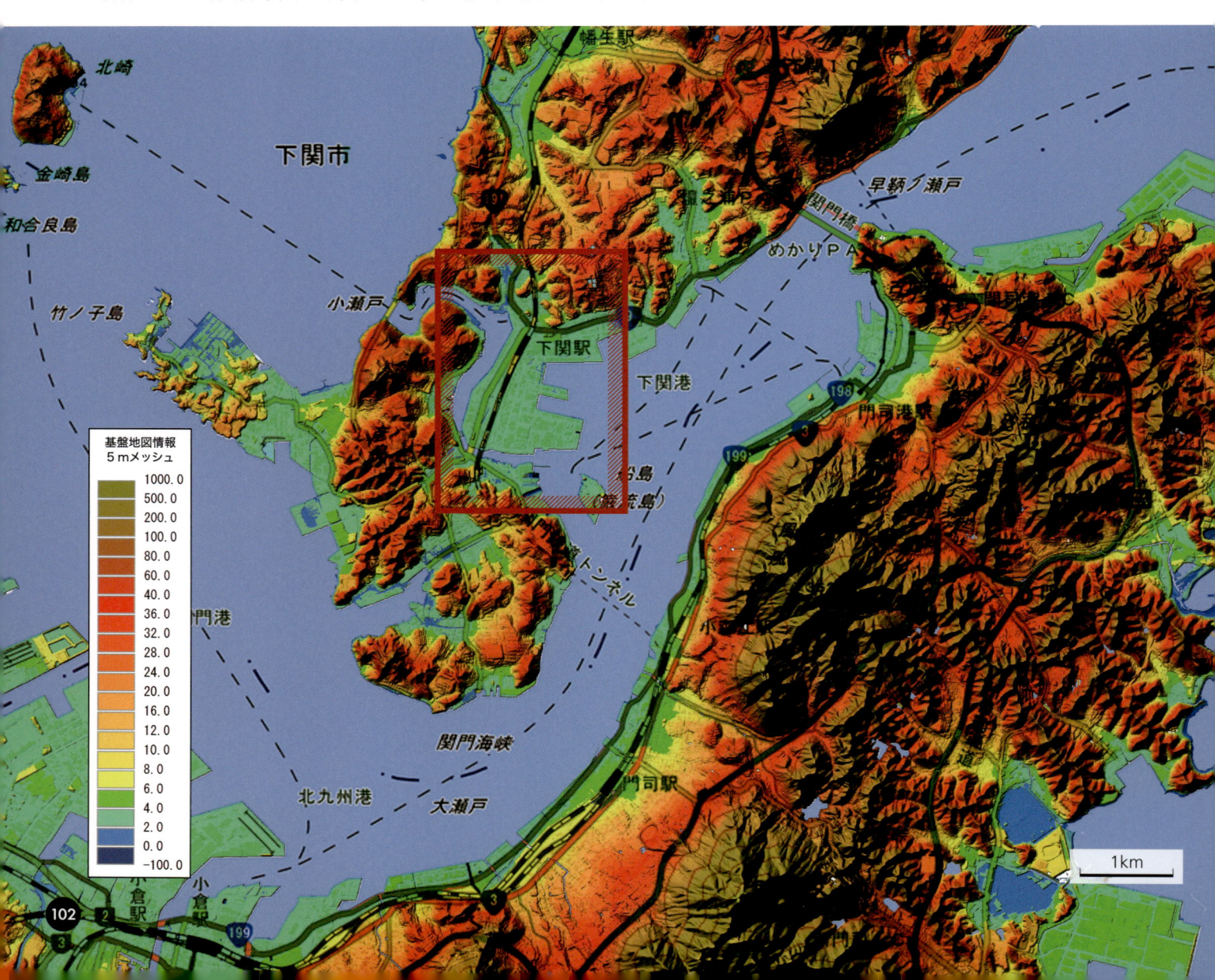

基盤地図情報
5mメッシュ

1000.0
500.0
200.0
100.0
80.0
60.0
40.0
36.0
32.0
28.0
24.0
20.0
16.0
12.0
10.0
8.0
6.0
4.0
2.0
0.0
-100.0

1km

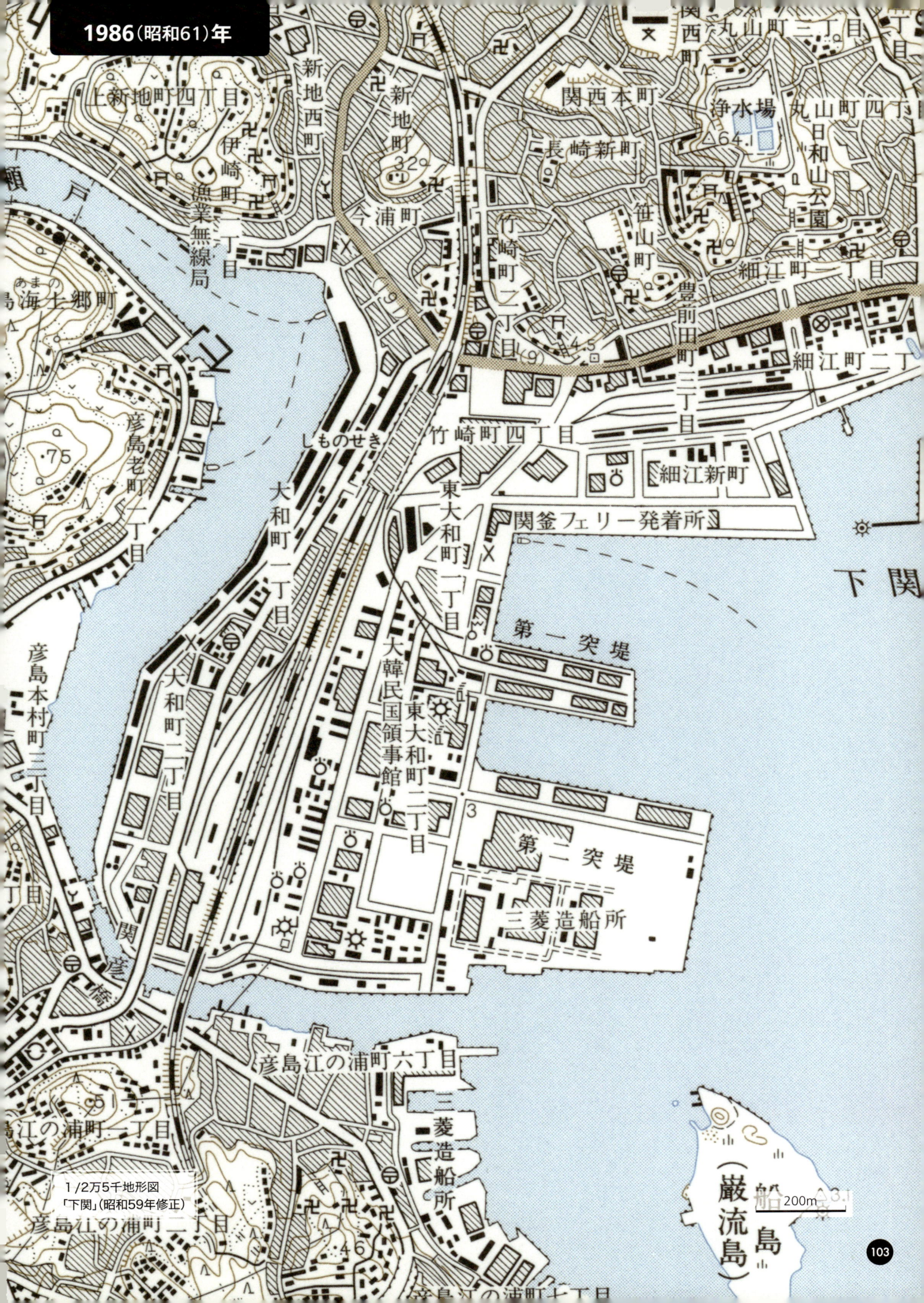

上新地町四丁目
伊崎町一丁目
漁業無線局
新地西町
新地町
今浦町
関西本町
長崎新町
浄水場
丸山町三丁目
丸山町四丁目
日和山公園
竹崎町二丁目
笹山町
豊前田町三丁目
細江町一丁目
細江町二丁目
あ天の郷町
海士郷町
彦島老町二丁目
しものせき
竹崎町四丁目
東大和町一丁目
細江新町
関釜フェリー発着所
下関
大和町一丁目
第一突堤
彦島本村町三丁目
大和町二丁目
大韓民国領事館
東大和町二丁目
第二突堤
三菱造船所
関彦橋
彦島江の浦町六丁目
三菱造船所
江の浦町一丁目
巌流島
船島

1/2万5千地形図
「下関」（昭和59年修正）

200m

彦島江の浦町二丁目

撮影縮尺：1/8000
国土地理院空中写真
コース：CKU7424-C14、写真番号：7,8,9,10、1975/1/7
コース：CKU7424-C15、写真番号：17,18,19,20、1975/3/4
コース：CKU7424-C16、写真番号：22,23,24,25、1975/3/4
コース：CKU747-C5、写真番号：5、1975/02/24

1965（昭和40）**年** 8月27日

撮影縮尺：1/20000
国土地理院空中写真
コース：MCG656X-C8、写真番号：4
コース：MCG656X-C10、写真番号：3

200m

瀬戸

堂山

漁網工場

町

新地町

伊崎町

今浦町

下関市

関西町

矢迫

日和山浄水場

東方司

竹崎町

長門町

笹山

日和山

光明寺

新港町

市民会館

海士郷町

漁港ビル
（県）

鉄道病院

老町

下

第一突堤

大和町

日本甜菜製糖工場

林兼産業会社

イハツ工業工場

東大和町

林兼造船場

第　二　突　堤

関釜橋

後山町

江向

堀越

江向

菱下関造船所

堀越

鎌崎

巌流船島

1/1万地形図
「下関」「門司西南部」（昭和39年資修）

撮影縮尺：1/16000
米国立公文書館所蔵米軍撮影空中写真
コース：3PR-5M112-2V、写真番号：54a, 55a

200m

徳島 TOKUSHIMA

徳島市街は、吉野川の河口部にあり、その運搬堆積作用によって形成された三角州の上に広がっている。吉野川は、日本三大暴れ川の１つとも言われ、四国三郎の異名を持ち、その流域は四国４県にまたがり、流域面積は四国全体の約20％に及ぶ大河川である。吉野川治水事業の一環で、1923（大正12）年の改修工事で第十樋門の付け替えにより、下流部は現在の吉野川（旧・別宮川）の河道となった。その中州の島であった徳島・福島・出来島・常三島など、徳島市街地の地名にも名残がある。

徳島平野は、北部の讃岐山地と南部の四国山地の間に広がり、その北縁≒讃岐山地の南縁は中央構造線の一部であり、中央構造線断層帯の存在が確認されている。また、南海地震でも津波の被害を受けており、江戸期以降でも宝永地震（1707［宝永４］年）・安政東海地震及び南海地震（1854［嘉永７］年）・昭和東南海地震（1944［昭和19］年）及び昭和南海地震（1946［昭和21］年）の例がある。また、特に昭和前期には、台風の通過コースで低地帯も広いため、風水害にもたびたび被災した。

徳島城を中心とした城下町が、徳島市街の元である。徳島城は、1585（天正13）年に豊臣秀吉から、阿波一国を与えられた蜂須賀家政が、猪ノ山（現・城山）に築城。蜂須賀家は、幕末まで阿波国の領主であった。江戸期から続く名産の阿波藍は、明治期の紡績業隆盛とともに発展するが、化学染料の普及により大正から昭和初期には衰退する。

徳島市街地への最大規模の空襲は、1945（昭和20）年7月4日の徳島大空襲であった。米軍は徳島城のある中洲を爆撃中心点とし、徳島城を含む市街地の大半を焼失した。同年7月5日撮影空中写真は徳島大空襲直後であり、消失範囲が白く写されている。戦後は、戦災復興計画に基づき、徳島駅周辺が整備され、中小河川が埋め立てられた土地に公共機関などが建設される様子が、1961（昭和36）年撮影空中写真などからわかる。

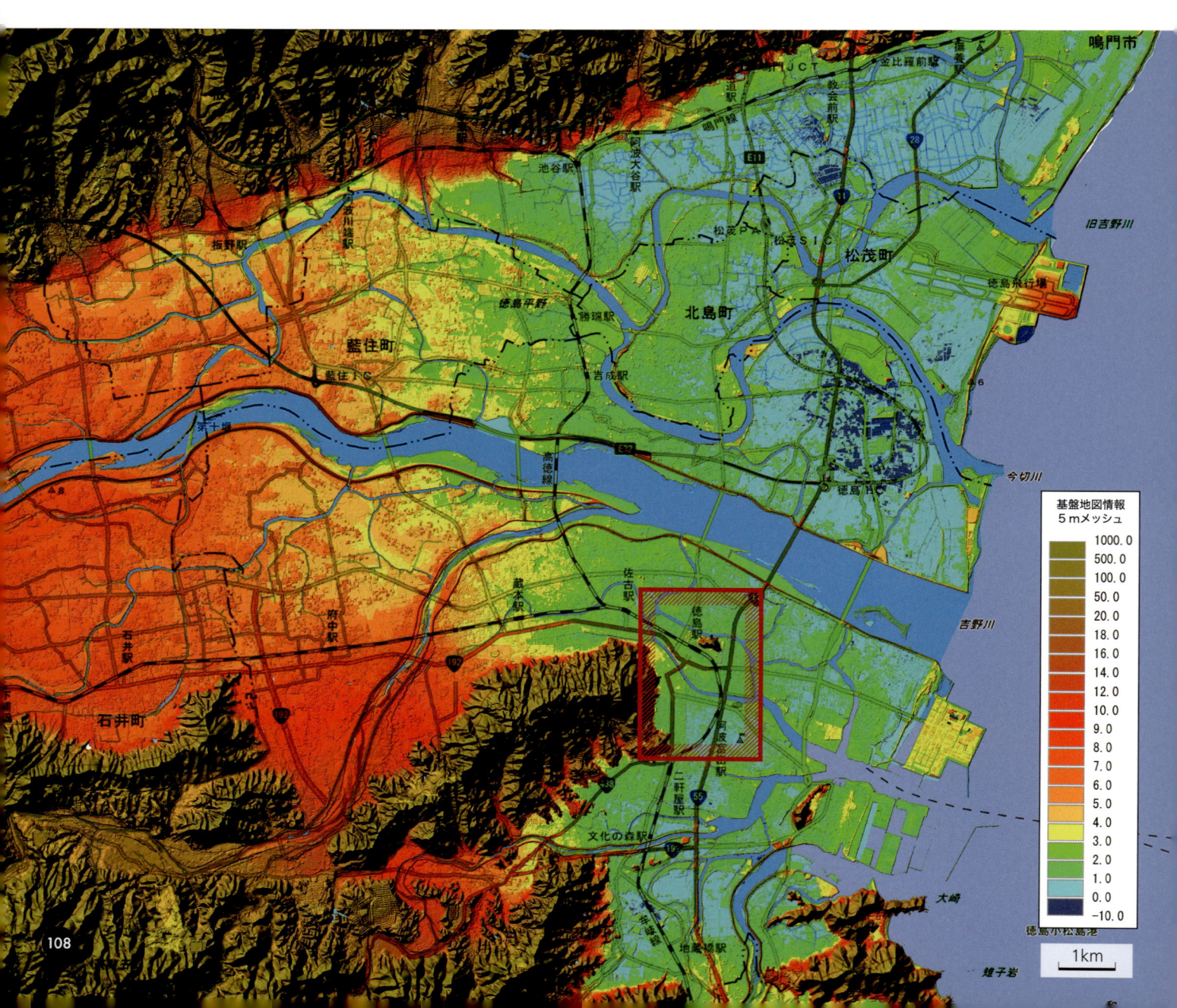

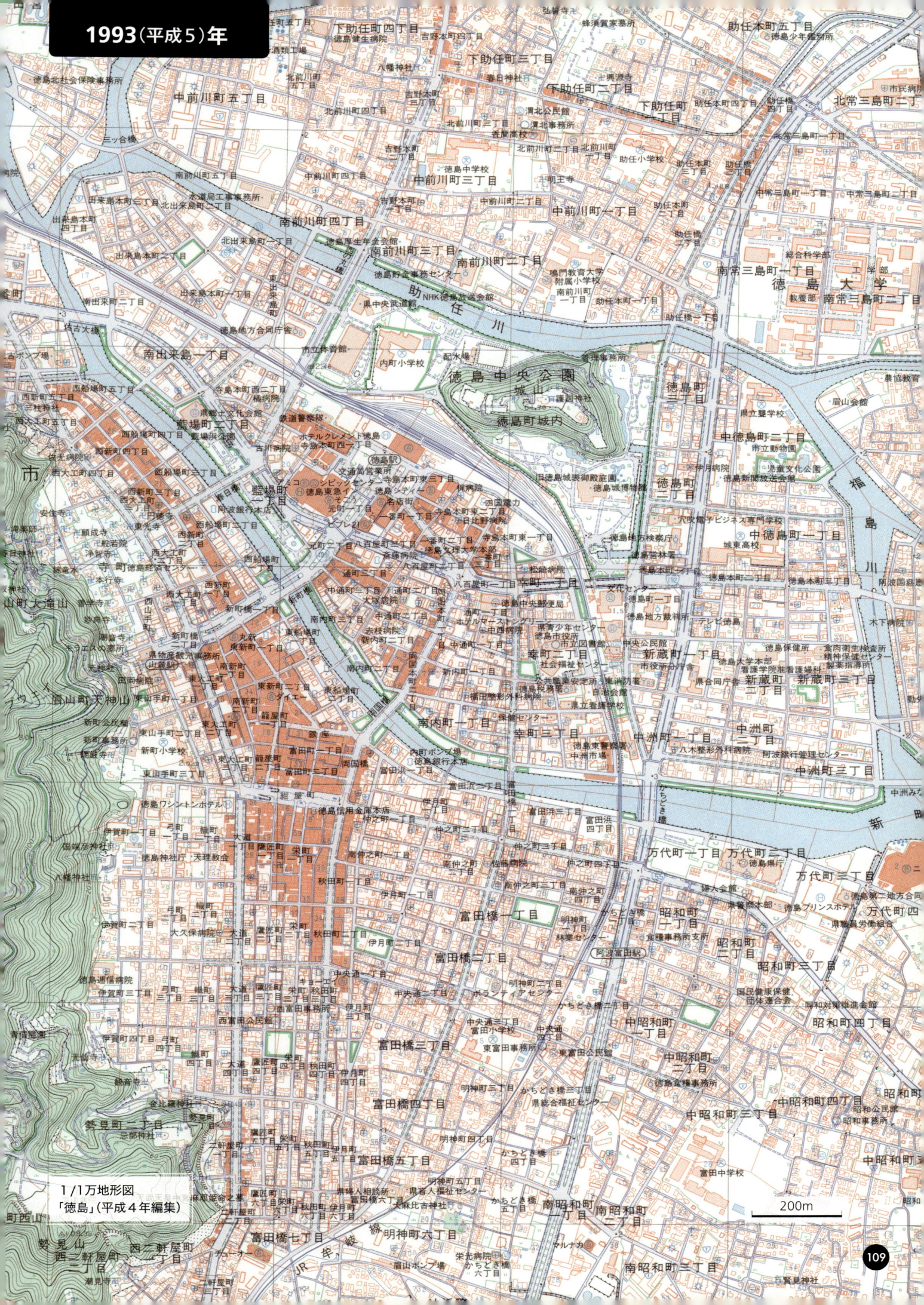

1/1万地形図
「徳島」（平成4年編集）

200m

撮影縮尺：1/10000
国土地理院空中写真
コース：CSI748-C13、写真番号：29, 30, 31
コース：CSI748-C14、写真番号：31, 32

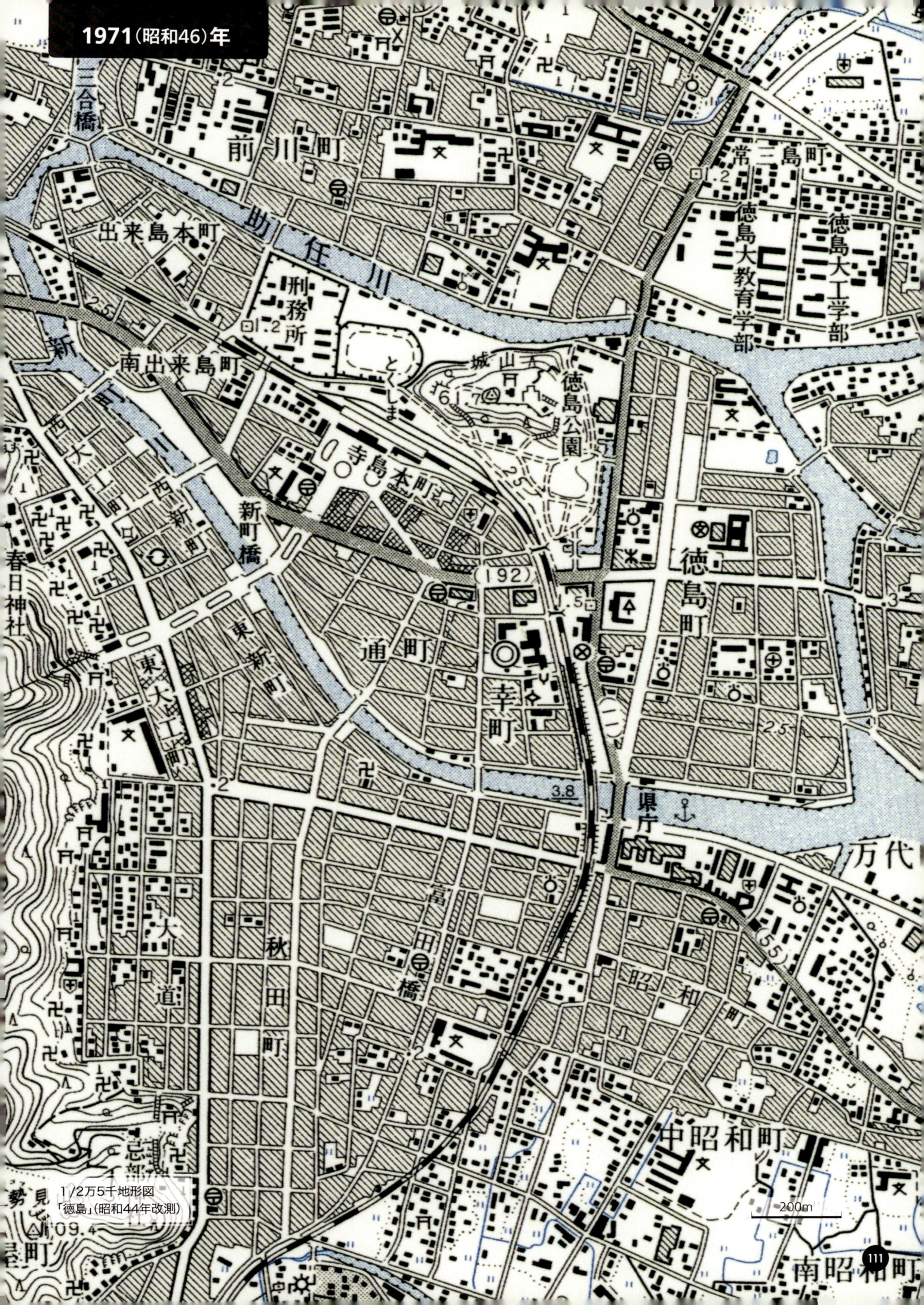

三合橋

前川町

助任川

出来島本町

刑務所

南出来島町

新町

城山

とくしま

徳島公園

常三島町

徳島大学教育学部

徳島大学工学部

春日神社

寺島本町

新町橋

東新町

通町

幸町

（192）

徳島町

県庁

万代

東大工町

秋田町

富田橋

大道

勢見

'09.4

昭和町

中昭和町

南昭和町

撮影縮尺：1/10000
国土地理院空中写真
コース：MSI611-C13、写真番号：6, 7、1961/5/16
コース：MSI611-C14、写真番号：4, 5, 6、1961/6/1

撮影縮尺：1/16000
米国立公文書館所蔵米軍撮影空中写真
コース：3PR-5M318-3V、写真番号：91b

200m

松山 MATSUYAMA

松山市街地は、北部の高縄山地と南部の四国山地の間に広がり、重信川・石手川が形成した扇状地性の松山平野にある。四国山地北縁部には中央構造線があり、中央構造線断層帯の重信断層や伊予断層などが確認されている。

松山市街北東には、日本最古級（一説には3000年とも）の歴史を持つといわれる道後温泉があり、多くの湯治客を集めている。

市街地は、松山城の城下町として形成された。松山城は、賤ヶ岳の七本槍の一人・加藤嘉明が伊予に封ぜられ、1600（慶長5）年の関ヶ原の役後に20万石に加増されたことにより築城に着手し、1627（寛永4）年ごろに完成したとされる。1784（天明4）年に落雷により本丸が消失するも、幕末の1852（嘉永5）年には再建された三層連立式の天守閣は、空襲で焼失することもなく、現在も見上げることができる。城下は、城南の外側には武家屋敷、城西の古町には商人町が配置されていた。

1888（明治21）年に、松山（現・松山市駅）〜三津間の伊予鉄道が開業し、徐々に路線を伸ばし、松山市の中心部は古町から松山市駅側へと移っていく。国鉄予讃本線（現・JR予讃線）の松山駅が開業したのは1927（昭和2）年で、その際に伊予鉄道の松山駅が松山市駅に改称している。

松山市街への最大規模の空襲は1945（昭和20）年7月26日から27日にかけての夜間空襲である。松山は市街地がコンパクトにまとまっているために、米軍の爆撃中心点も半径約1kmの円に設定されていた。終戦直後の1945（昭和20）年9月7日撮影の空中写真には、市街全域が焼失していることがわかる。

松山は、戦後復興の中で、城山を循環する路線など主要道路が整備され、市街地を巡り走る路面電車と併せて、交通が至便な都市となっている。

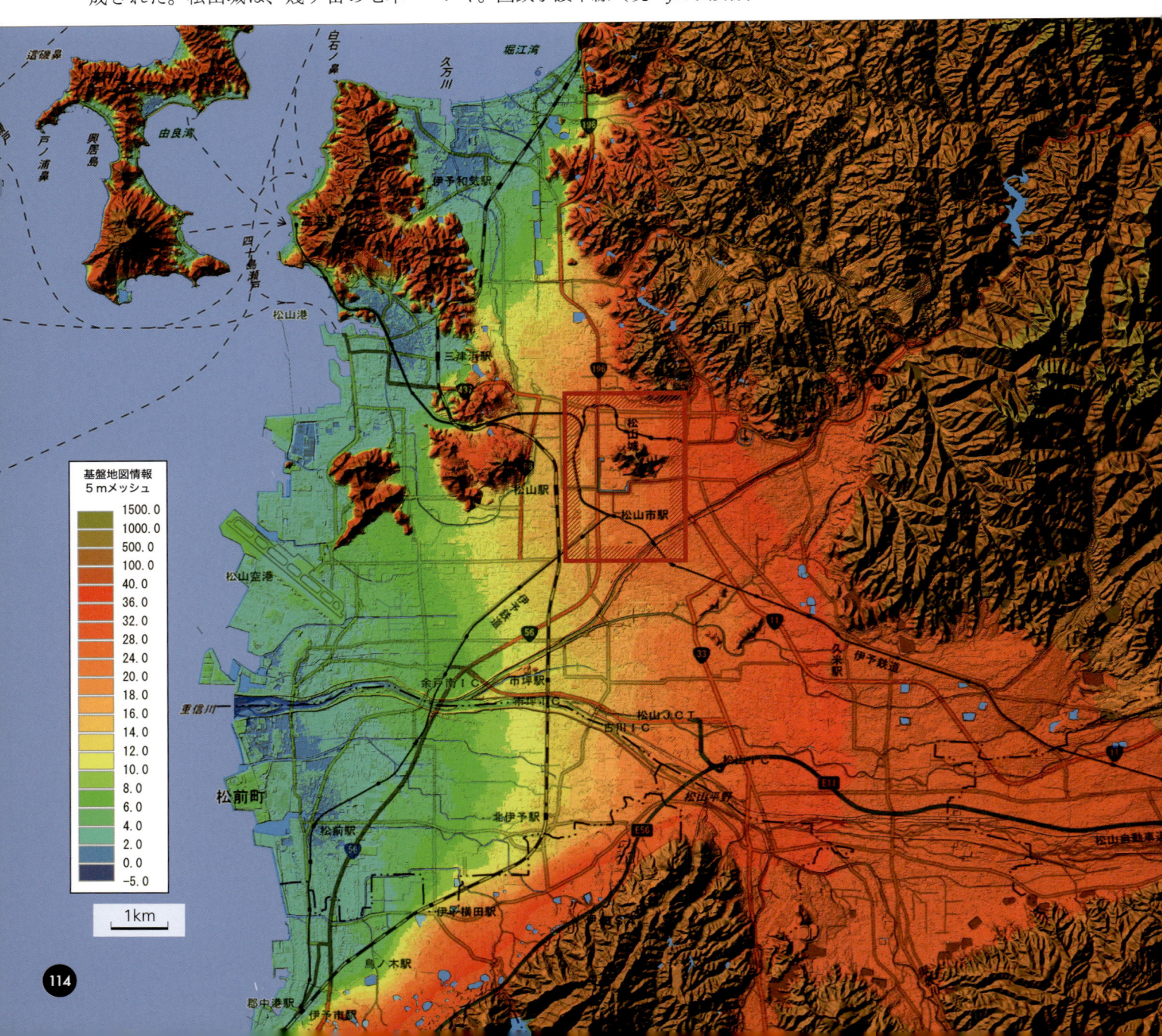

1/1万地形図
「松山」（平成5年編集）

200m

撮影縮尺：1/10000
国土地理院空中写真
コース：CSI7411-C12、写真番号：6, 7, 8
コース：CSI7411-C13、写真番号：6, 7, 8

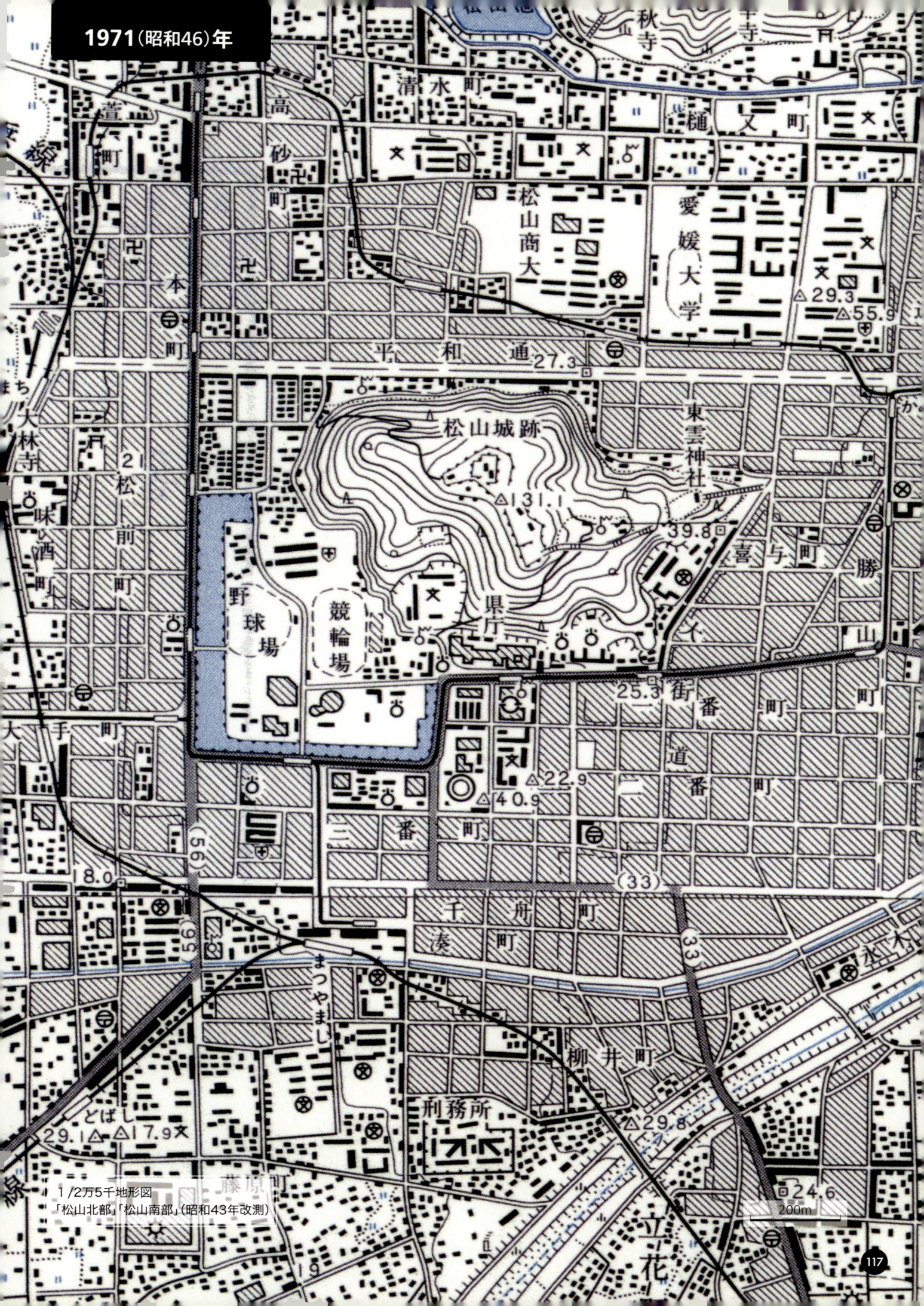

1／2万5千地形図
「松山北部」「松山南部」（昭和43年改測）

200m

清水町

樋又町

松山商大

愛媛大学

平和通

松山城跡

東雲神社

大林寺

味酒町

松前町

野球場

競輪場

県庁

喜与町

勝山町

街番町

道番町

千湊町

柳井町

刑務所

藤原町

立花

撮影縮尺：1/10000
国土地理院空中写真
コース：MSI625-C6、写真番号：6, 7, 8
コース：MSI625-C7、写真番号：7, 8

撮影縮尺：1/12000
国土地理院空中写真（米軍撮影）
コース：USA-M220、写真番号：140,141,142,149,150,151

200m

撮影縮尺：1/20000
米国立公文書館所蔵米軍撮影空中写真
コース：3PR-20AF-5M421-2V、
写真番号：60ab, 61ab, 62ab, 63ab, 64ab, 65ab, 66ab

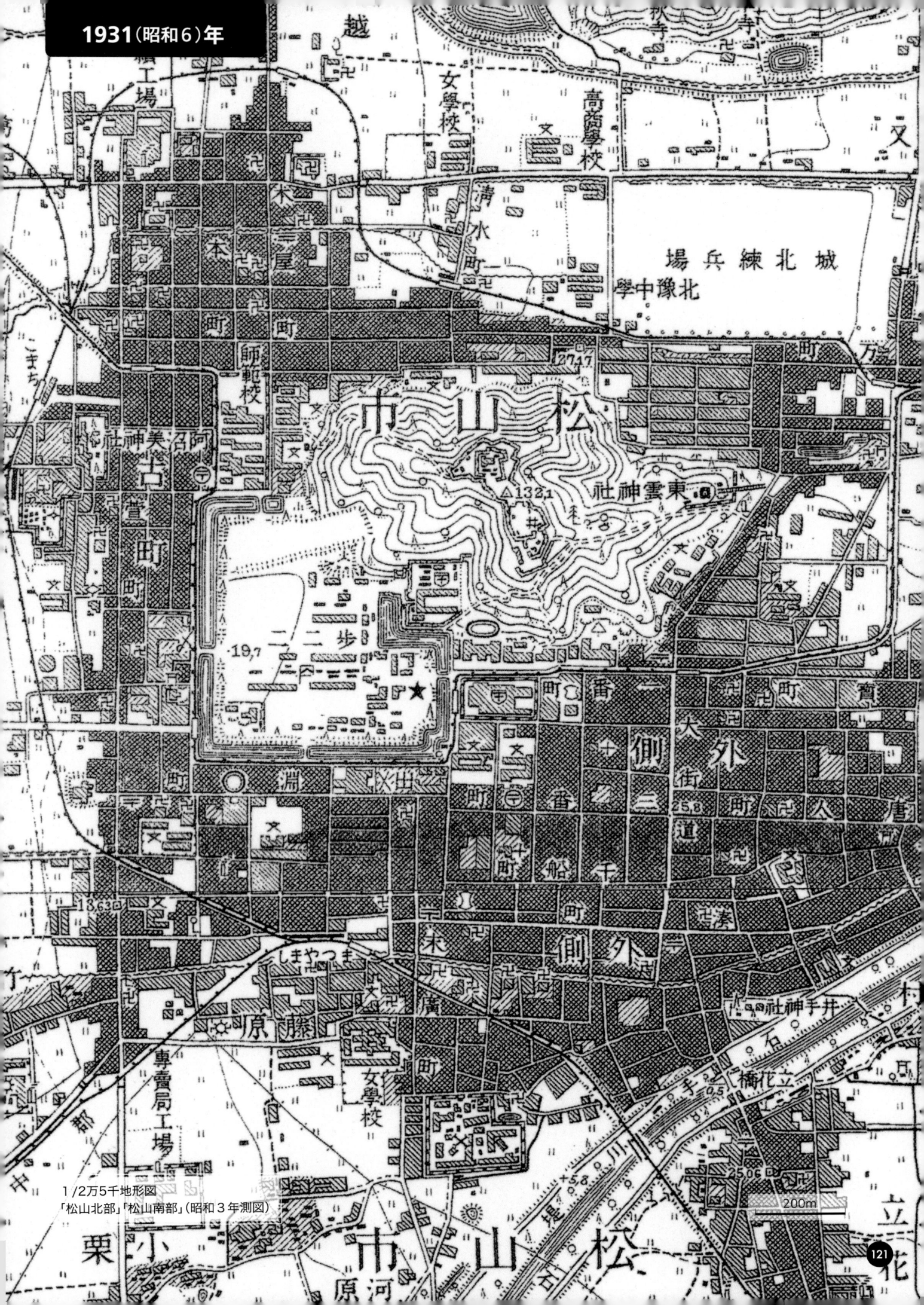

1/2万5千地形図
「松山北部」「松山南部」（昭和3年測図）

200m

小倉 KOKURA

関門海峡に面した小倉は、九州と本州を結ぶ要所である。関ヶ原の戦いの功により豊前国に封ぜられた細川忠興が、1602（慶長7）年から五層の天守閣を持つ小倉城を築いて居城とした。小倉市街は、紫川東岸に整備された小倉藩の城下町が元となっている。1632（寛永9）年には、小笠原家が移封される。幕末の1866（慶応2）年の長州征伐では、長州藩の反撃を受け、小倉藩自ら小倉城に火を放った。現・小倉城は、1959（昭和34）年の再建。

小倉城跡には、陸軍の歩兵第14連隊や歩兵第12旅団・第12師団などの

司令部が置かれた。1925〜26（大正14〜15）年の地形図には、第12師団が久留米に移転した直後で、陸軍所轄の施設が多く見られる。また、1933（昭和8）年に東京から造兵廠が移転し、小倉兵器製造所と合併して陸軍造兵廠小倉工廠（後の小倉陸軍造兵廠）が開設されるなど、軍都の様相を呈した。1945（昭和20）年3月31日撮影の空中写真には、小倉駅前から南に伸びる現・平和通りや現・浅香通り、現・小文字通りなど建物疎開による防火帯が幾筋もあり、紫川西岸には防火帯に囲まれるように小倉陸軍造兵廠の建物群がある。戦後、小倉陸軍造兵廠跡には、消防署や裁判所などの公的施設、病院などが建てられている。

小倉への空襲は、1944（昭和19）年6月16日に中国の成都から飛来し

たB-29による日本本土初空襲で、小倉陸軍造兵廠が爆撃された。その後に大規模な空襲はなかったが、これは中小都市空襲が始まる前の1945（昭和20）年5月の段階で原爆投下目標都市のリストに入っていたために爆撃禁止命令が出されていたから。実際に8月9日には、小倉上空に原爆ファットマンを搭載したB-29、ボックス・カーが飛来していた。しかし、前日・8日の八幡空襲による濃い煙によって爆撃照準点を視認できなかったことなどから投下は中止された。そして、ボックス・カーは長崎に向かうのである。

1900（明治33）年に市制移行した小倉市は、1963（昭和38）年に、門司・若松・八幡・戸畑の各市といわゆる「五市合併」によって、北九州市となり、6番目の政令指定都市になる。

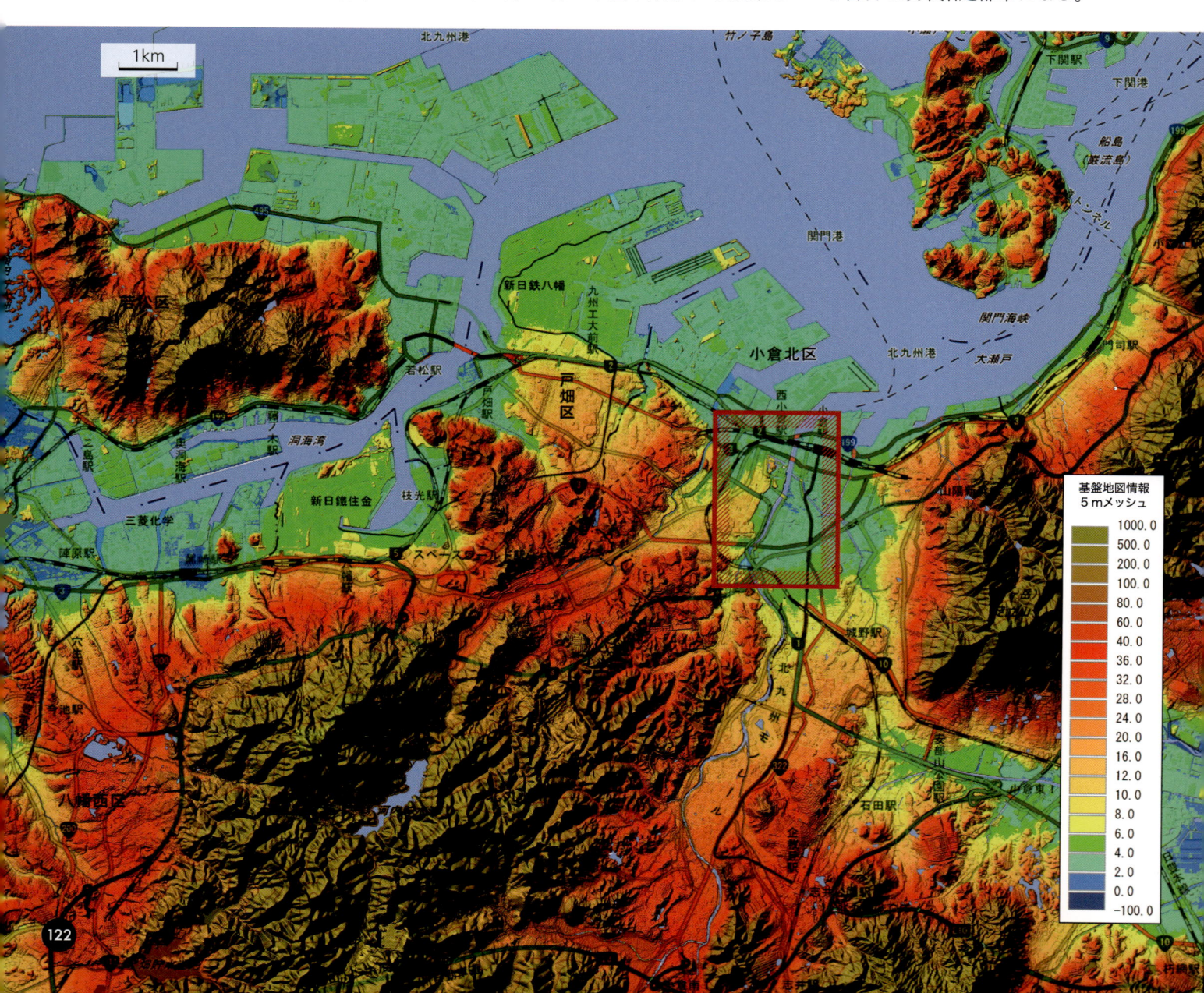

1/1万地形図
「小倉」「三萩野」（平成4年編集）

200m

撮影縮尺：1/8000
国土地理院空中写真
コース：CKU747-C10A、写真番号：24, 25, 26
コース：CKU747-C11、写真番号：34, 35, 36
コース：CKU747-C12C、写真番号：4, 5, 6, 7
コース：CKU747-C13B、写真番号：25, 26, 27

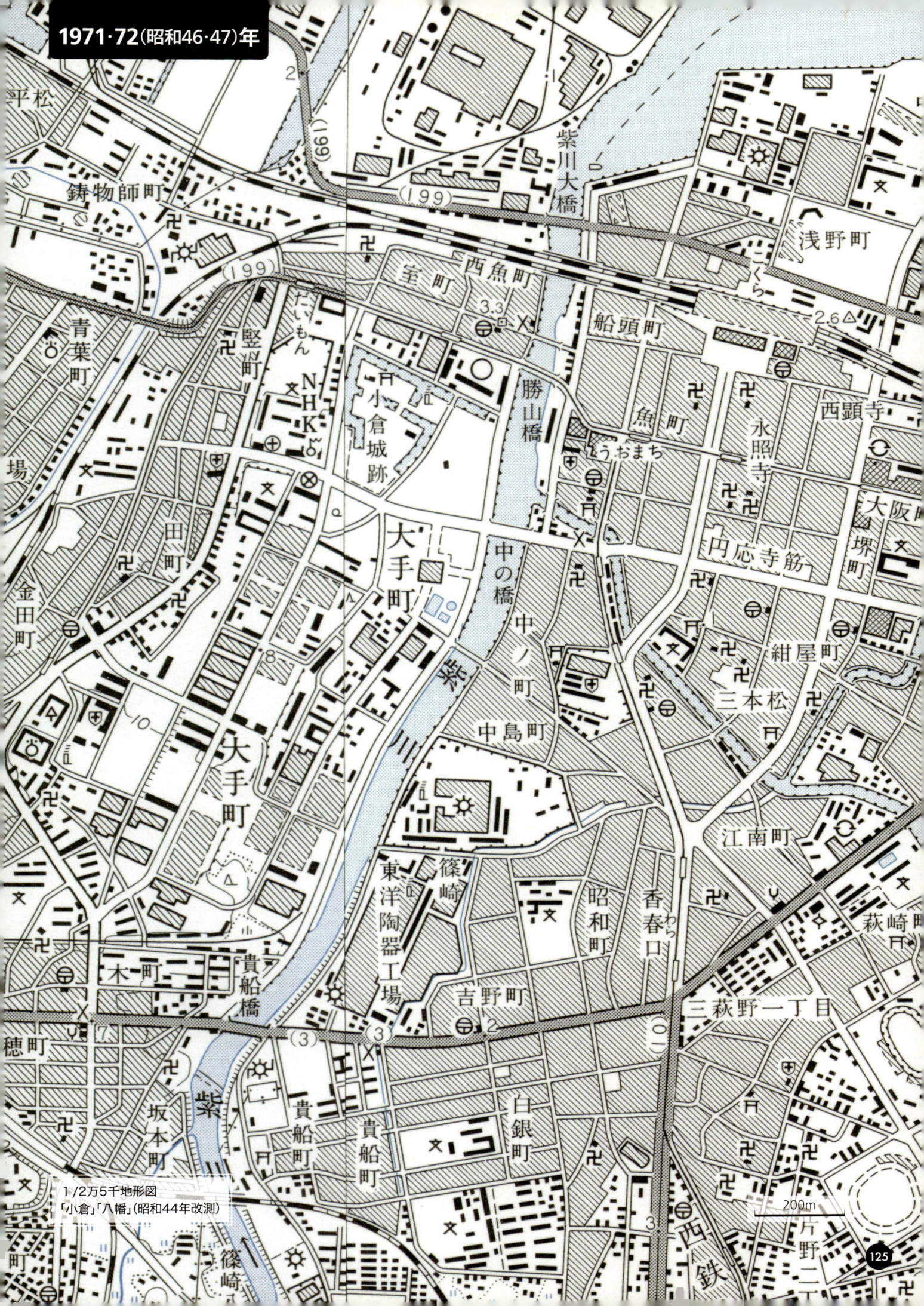

平松

鋳物師町

(199)

(199)

青葉町

場

竪町

NHK

金田町

田町

小倉城跡

西魚町

筆町

3.3

勝山橋

船頭町

魚町

うおまち

浅野町

西顕寺

永照寺

2.6

大堀町

阪

円応寺筋

大手町

中の橋

中ノ町

紺屋町

三本松

中島町

江南町

萩崎

木一町

貴船橋

篠崎

東洋陶器工場

昭和町

香春口

わら

三萩野一丁目

穂町

吉野町

白銀町

坂本町

貴船町

貴船町

紫

篠崎

西

鉄

撮影縮尺：1/10000
国土地理院空中写真
コース：MKU613-C14、写真番号：24, 25, 26
コース：MKU613-C15、写真番号：13, 14, 15
コース：MKU613-C16、写真番号：13, 14, 15

撮影縮尺：1/30000
国土地理院空中写真（米軍撮影）
コース：M122、写真番号：78

200m

1945（昭和20）年 3月31日

撮影縮尺：1/16000
米国立公文書館所蔵米軍撮影空中写真
コース：3PR-21BC-5M112-2V、
写真番号：49b, 50b

1/2万5千地形図
「小倉市」「八幡市」（大正11年測図）

200m

福岡 FUKUOKA

福岡市街は、博多湾に面して、那珂川や御笠川（みかさ）が流れる福岡平野に広がる。博多湾と玄界灘は、志賀島より西戸崎や奈多を経て新宮まで伸びる砂州「海の中道」で隔てられ、天然の防波堤となっている。玄界灘の大波と冬季の北西季節風で砂が運ばれ、砂州や砂丘を形成した。

大橋駅－西鉄平尾駅間及びその延長線を境にして、北東側は平野で、南西側は開析（かいせき）された丘陵地（鴻巣山丘陵）になっている。これは警固断層の断層地形である。警固（けご）断層は、志賀島北西沖の玄界灘から博多湾を通り、福岡平野南西縁から筑紫野市へと至る断層。周辺にも複数の断層が確認されており、

まとめて警固断層帯とされている。2005（平成17）年の福岡県西方沖地震（M7.0）は、この断層帯の志賀島から北西部の断層で発生した。

福岡・博多は、壱岐・対馬を挟んで朝鮮半島に臨み、古来より大陸との接点である。志賀島から出土の「漢委奴国王」の金印は1世紀のもの。7世紀後半には、筑紫館（後の鴻臚館（こうろかん））を設置し外交や貿易拠点となる。鎌倉期（1274［文永11］年、1281［弘安4］年）には元が来襲（元寇）。室町期には日明貿易で栄えたが、戦国期には戦場となり荒廃した。

1587（天正15）年、豊臣秀吉は九州平定時に太閤町割と呼ばれる博多の復興を行い、これが現在の博多の元となる。黒田長政が入封し、1607（慶長12）年に福岡城を完成させ城下町も整備、これが現在の福岡の元となる。1889（明治22）年の市制移行時に市

名を巡る福岡と博多の対立があり、市名を「福岡」、同年開業の駅名を「博多」として決着とした経緯などもある。福岡・博多は、隣接しながら異なる背景をもつ二卵性双子都市と言える。

戦時中、福岡周辺には、福岡飛行場（現・福岡空港）・雁ノ巣飛行場・西戸崎飛行場・名島（なじま）水上機基地・博多水上機基地などの飛行場があり、米軍偵察は沖縄作戦支援のために、1945（昭和20）年3月ごろから行われていた。福岡市街へのもっとも大規模な空襲は1945（昭和20）年6月19日から20日にかけての夜間空襲である。爆撃中心点は、大博通りと現・昭和通りの交差する蔵本交差点と、現・明治通りと現・大正通りの交差する赤坂交差点の2箇所に設定されていた。焼失範囲は、東西が御笠川から樋井川まで、南北が博多湾海岸線から櫛田（くしだ）神社・大濠（おおほり）公園までと福岡の街は一望の焦土と化した。

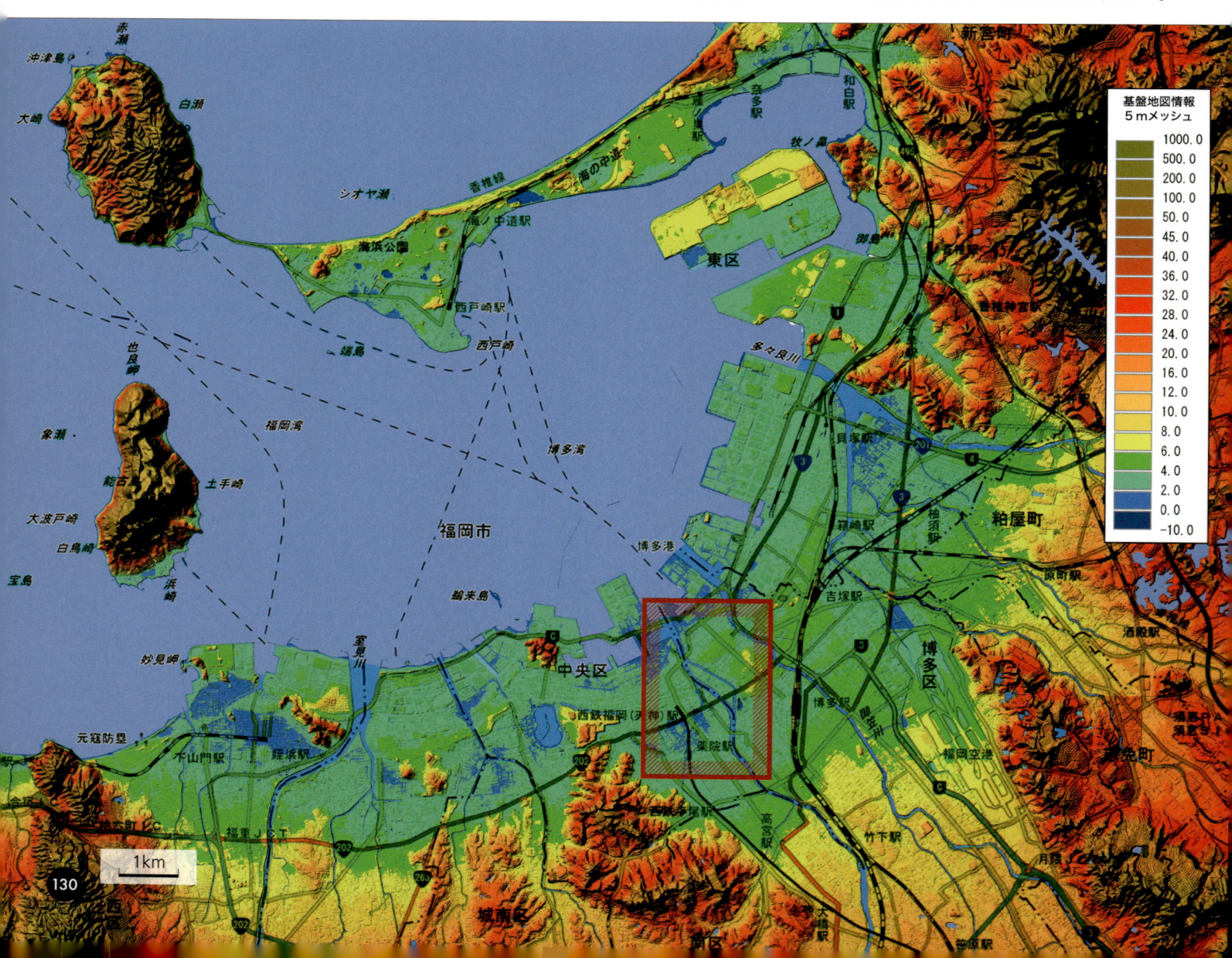

基盤地図情報
5mメッシュ

1km

130

1／1万地形図
「博多」「大橋」（平成2年編集）

200m

撮影縮尺：1/8000
国土地理院撮影空中写真
コース：CKU747-C35、写真番号：4, 5, 6
コース：CKU747-C42、写真番号：28, 29, 30
コース：CKU747-C43、写真番号：31, 32, 33

築港本町

競艇場

那津大橋

少林寺

天神四丁目

てんじん

にしてつふくおか

天神一丁目

県庁

△38.7

警固神社

今泉一丁目

今泉二丁目

警固二丁目

一丁目

薬院一丁目

院二丁目

大博町

神屋町

対馬小路

下呉服町

奈良屋町

須崎町

網場町

西中島橋

上呉服町

ごふくまち

聖福寺

御供所町

店屋町

博多

中洲

上川端町

櫛田神社

冷泉町

万行寺

祇園

博多駅

西中洲

那

珂

春吉三丁目

渡辺通二丁目

渡辺通一丁目

春吉一丁目

住吉二丁目

住吉神社

住吉三丁目

住吉

清川一丁目

清川二丁目

高砂

白金二丁目

大宮

平

市民体

(201)

(202)

△45.7

200m

1/2万5千地形図
「福岡」「福岡南部」（昭和47年修正）

撮影縮尺：1/10000
国土地理院撮影空中写真
コース：MKU611-C8A、写真番号：4, 5, 6、1961/5/6
コース：MKU611-C9A、写真番号：9, 10, 11、1961/5/9
コース：MKU611-C10、写真番号：30, 31, 32、1961/5/13

1/1万地形図
「箱崎」「福岡東部」「福岡西部」（昭和30年測量）

200m

撮影縮尺：1/16000
国土地理院空中写真（米軍撮影）
コース：USA-R236-No2、写真番号：10,11,31

1945（昭和20）年 4月6日

撮影縮尺：1/15000
米国立公文書館所蔵米軍撮影空中写真
コース：3PR-21BC-5M121-2V、
写真番号：6a, 7a

200m

撮影縮尺：1/11000
旧陸軍撮影空中写真
コース：B30-C3、写真番号：49, 50, 51
コース：B30-C4、写真番号：70, 71

1／2万5千地形図
「福岡」「福岡南部」（大正15年測図）

200m

長崎 NAGASAKI

日本列島でもっとも出入りの激しいリアス海岸が発達する長崎一帯は、良港に恵まれてもいる。長崎半島の西側の付け根に位置する長崎市街も平地が少ない。市街地は、中島川と浦上川沿いの低地から周辺の斜面にまで広がっており、坂の街となっている。

長崎は、中島川河口部の港から興る。1570（元亀元）年に開港、翌・1571（元亀2）年にポルトガル船が初来航し貿易が始まり、港周辺に町が建設された。1612（慶長17）年のキリスト教禁止令され、1635（寛永12）年に出島を造成してポルトガル人を収容するが、1639（寛永16）年にはポルトガル人を追放。1641（寛永18）年にオランダ平戸商館を出島に移転させて後、長崎でオランダと中国との貿易体制は幕末まで続く。1859（安政6）年の日米修好通商条約締結により開港。東山手、南山手、大浦地区などに外国人居留地が形成される。特に、旧グラバー邸は1863（文久3）年の建築とされ、日本に現存する最古の木造洋館である。

1945（昭和20）年8月7日撮影空中写真には、中島川や桜町通り、浦上街道に沿って建物疎開による防火帯が見られる。また、長崎駅南端部が破壊されているのは、7月29日〜8月1日の空襲によるもの。

米軍は、1945（昭和20）年4月から、原爆投下目標の候補都市の検討会議を開いていた。すでに東京・名古屋・大阪・神戸などの大都市は焼夷空襲によって大きな被害を受けており、原爆投下に適さないとされた。6月の会議では、原爆目標候補都市には、爆撃禁止命令が出される。しかし、長崎が原爆目標リストに追加されたのは7月24日で、爆撃禁止命令は出されなかったために7月29日〜8月1日の空襲を受けたのである。長崎が、原爆目標となったのは「海岸沿いや平野の広い平坦な内陸部に投下するよりも、爆風の効果を集中させるために両側を高い稜線で囲まれた谷間の地域で爆発させる方が原子爆弾の効果がより大きくなるだろう」との意見による。

8月9日、原爆ファットマンを搭載したB-29、ボックス・カーは、爆撃照準点を視認できなかったことなどから小倉への投下は中止し、長崎を第2目標として機首を向ける。長崎の原爆照準点は、事前の偵察撮影によって、中島川にかかる 賑 橋付近に設定されていた。長崎上空には雲があったために、ボックス・カーはレーダーで接近し、投下前30秒間の目視によって目標を捉え午前11時2分に投下したとされる。しかし、原爆は照準点から3km以上離れた長崎市松山町の上空約500mで爆発した。終戦直後の1945（昭和20）年9月7日撮影空中写真では、中島川を境にして建物被害に大きな違いがあるように見える。

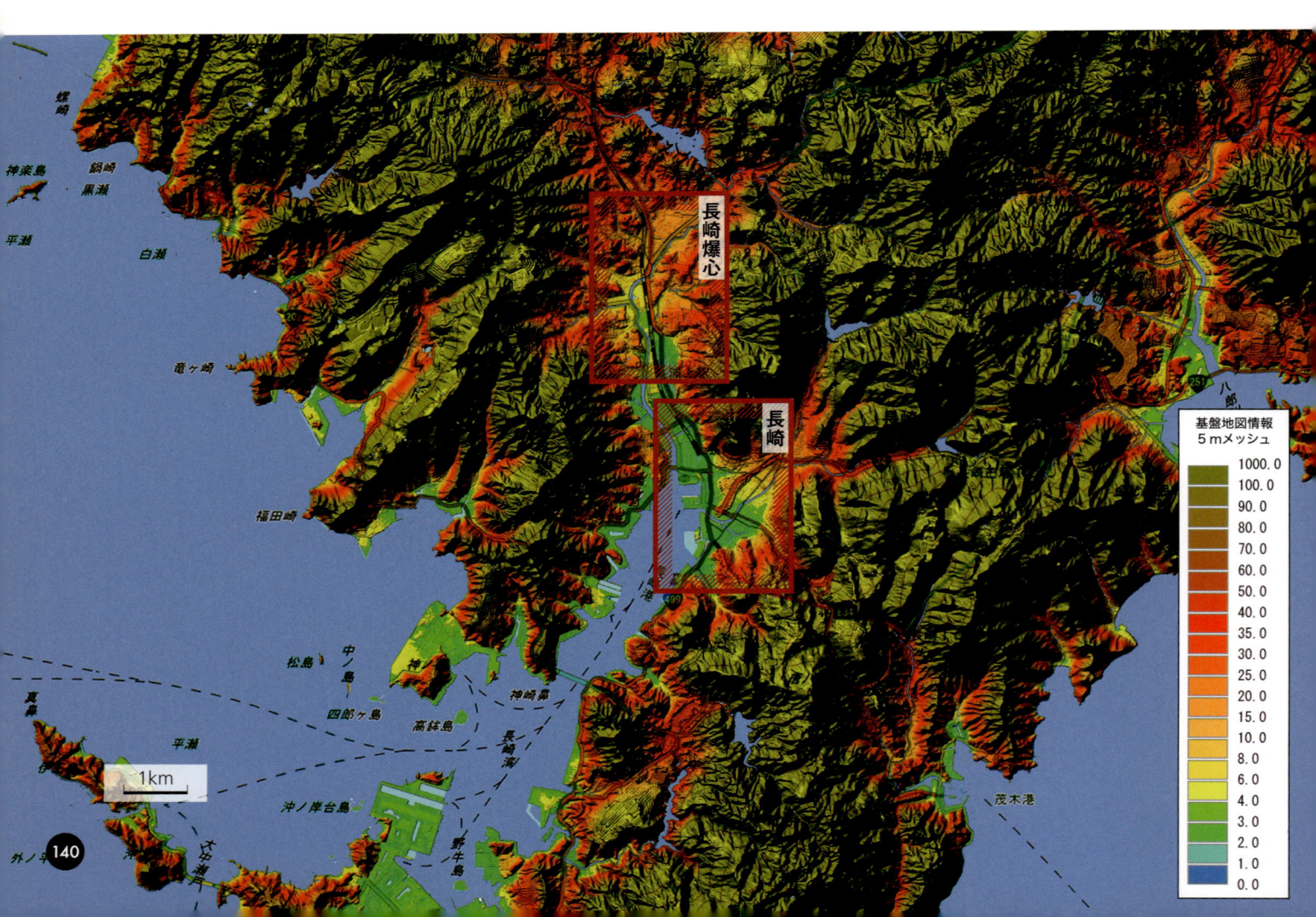

1/1万地形図
「長崎-表図」（平成2年部修）

200m

撮影縮尺：1/10000
国土地理院撮影空中写真
コース：CKU7420-C19、写真番号：7、8、9
コース：CKU7420-C20、写真番号：7、8

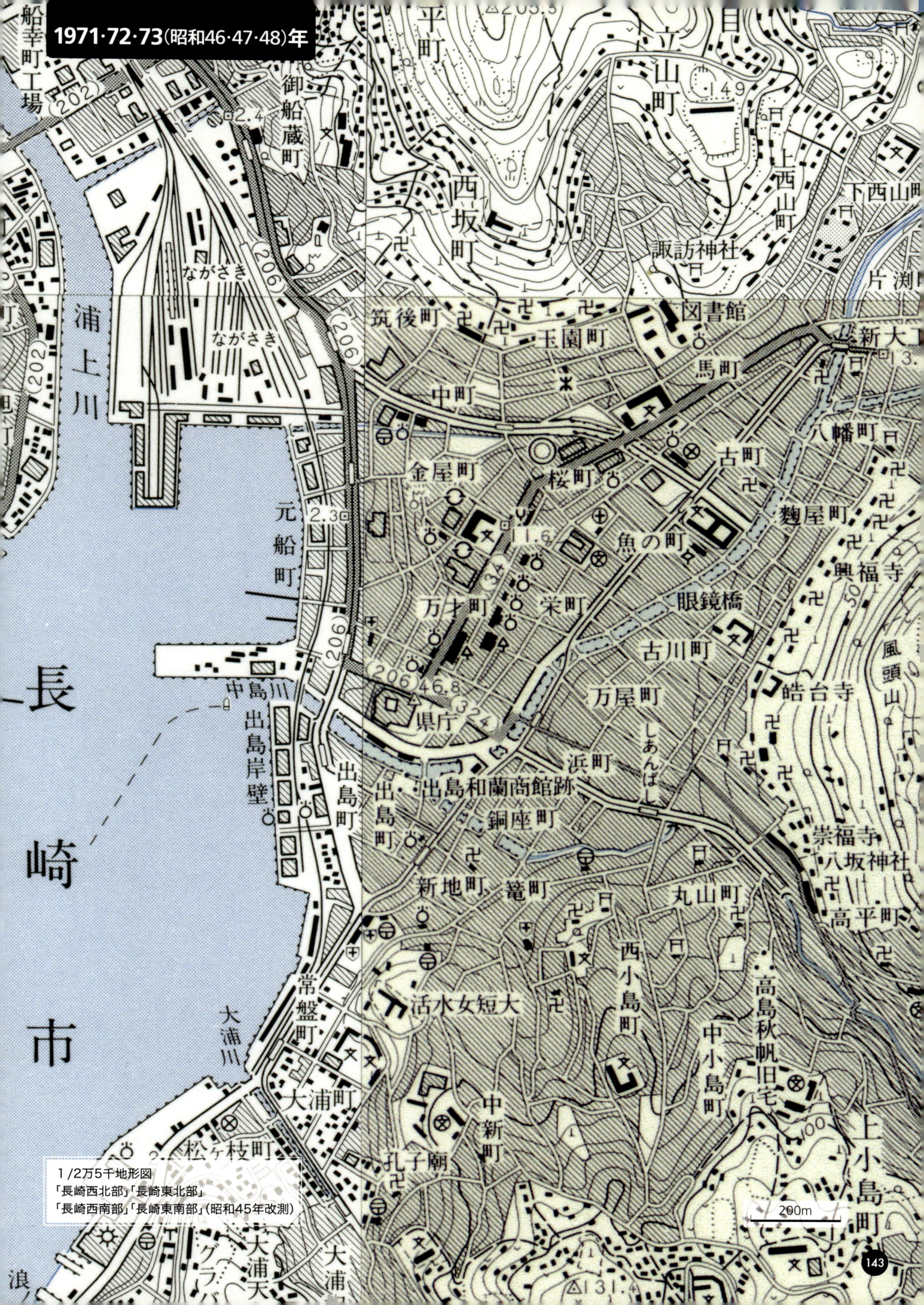

船幸町工場
御船蔵町
西坂町
平町
山町
上西山町
下西山町
片渕
諏訪神社
ながさき
筑後町
玉園町
図書館
新大
馬町
中町
八幡町
金屋町
桜町
古町
麹屋町
魚の町
興福寺
万才町
栄町
眼鏡橋
古川町
皓台寺
風頭山
元船町
万屋町
しあんばし
県庁
浜町
崇福寺
八坂神社
出島和蘭商館跡
銅座町
高平町
出島岸壁
出島町
出島
中新地町
篭町
丸山町
浦上川
西小島町
中島川
高島秋帆旧宅
新地町
活水女短大
中小島町
常盤町
長
大浦川
崎
大浦町
中新町
市
上小島町
松ヶ枝町
孔子廟
大浦天
グラ
浪
202
206
206
206
206
200m
143

撮影縮尺：1/10000
国土地理院撮影空中写真
コース：MKU628-C10、写真番号：8, 9,10、1962/5/29
コース：MKU628-C11A、写真番号：7, 8、1962/9/26
コース：MKU628-C11B、写真番号：4、1962/9/26

撮影縮尺：1/20000
米国立公文書館所蔵米軍撮影空中写真
コース：3PR-20AF-5M421-1V、
写真番号：9

200m

撮影縮尺：1/8850
米国立公文書館所蔵米軍撮影空中写真
コース：6PR-25PS-R222-Z2-2V、
写真番号：76a, 77a, 78a, 79a

撮影縮尺：1/20000
米国立公文書館所蔵米軍撮影空中写真
コース：3PR-5M390-20AF-2V
写真番号：15a, 16a

200m

1945(昭和20)年9月7日

撮影縮尺：1/20000
米国立公文書館所蔵米軍撮影空中写真
コース：3PR-20AF-5M421-2V、
写真番号：8ab, 9ab, 10ab, 11ab, 12ab

200m

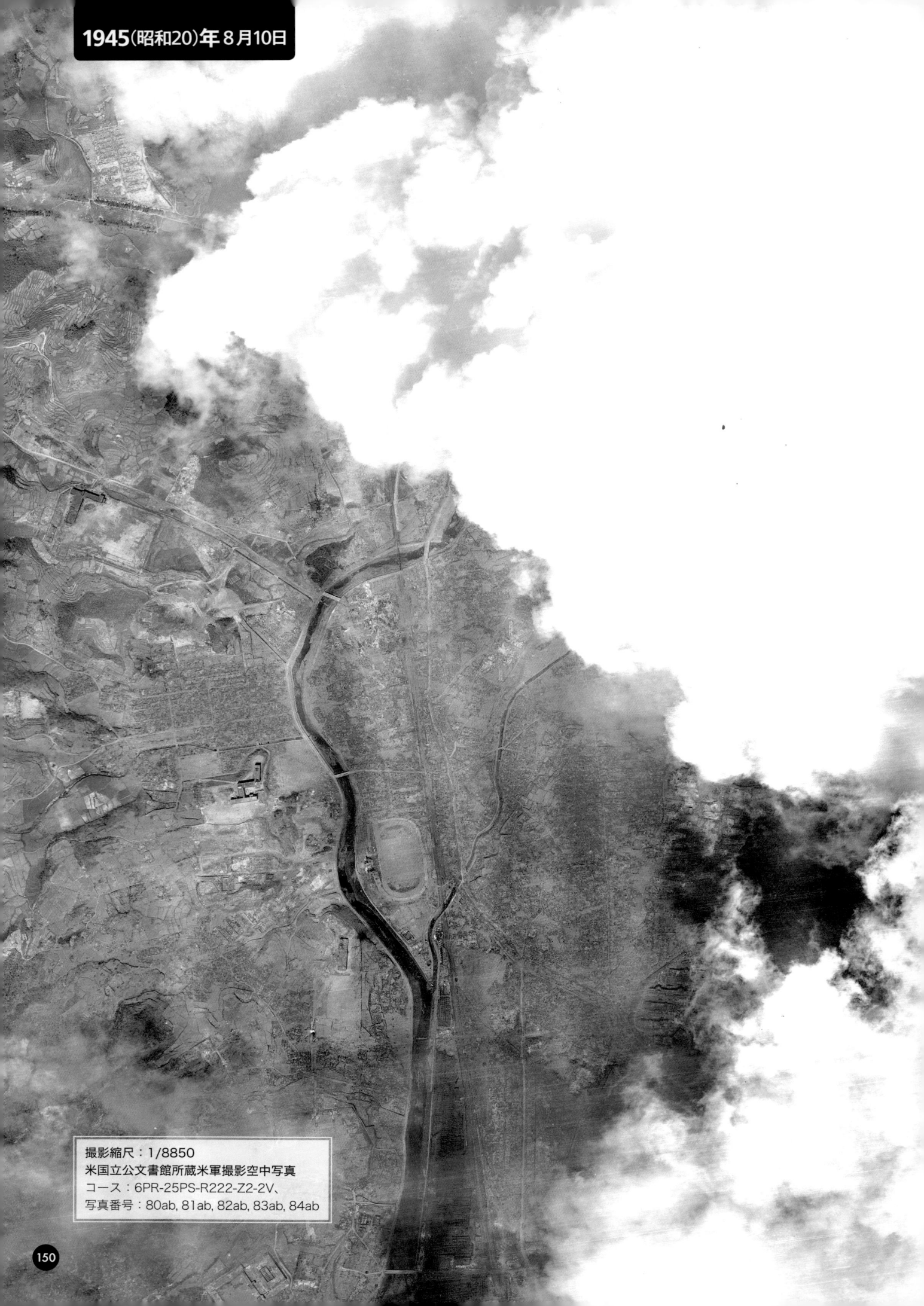

撮影縮尺：1/8850
米国立公文書館所蔵米軍撮影空中写真
コース：6PR-25PS-R222-Z2-2V、
写真番号：80ab, 81ab, 82ab, 83ab, 84ab

撮影縮尺：1/15000
米国立公文書館所蔵米軍撮影空中写真
コース：3PR-5M390-20AF-2V、
写真番号：16ab,17ab,18ab

200m

熊本 KUMAMOTO

熊本市街は、東に阿蘇山、西に金峰山、南東側に阿蘇カルデラから流れる白川が南流している。熊本のシンボルである熊本城は、現在の阿蘇カルデラを形成する噴火の中で最大規模の噴火・Aso4（約9万年前）による火砕流でできた京町台地上にある。

周辺には、布田川断層帯・日奈久断層帯に属する複数の活断層が分布している。白川中流沿いの布田川断層・北甘木断層、水前寺成趣園付近から江津湖にかけての水前寺断層、坪井川沿いの立田山断層などが、2016（平成28）年4月熊本地震（M7.3）の地震断層となった。

白川は、たびたび大水害を引き起こしている。特に1953（昭和28）年6月の「白川大水害（6.26水害とも）」は、大量のヨナ（火山灰）と流木を含む濁流により橋などが流され堤防が決壊、熊本市街は大規模に浸水し大量の泥土に覆われ、多数の人的被害（死者行方不明者422名）となった。

熊本市街は、熊本城の城下町が元である。1607（慶長12）年に、加藤清正は中世以来の隈本城を、近世的な熊本城に建て替えた。清正は、城下町の整備や白川と坪井川の分流などの治水事業も行い、今でも「清正公さん」と親しまれている。1632（寛永9）年に細川氏が入封し、その統治は明治維新まで続く。

九州の中央に位置する要地として、熊本城には1871（明治4）年には鎮西鎮台が置かれ、1877（明治10）年の西南戦争では西郷軍の攻撃を谷干城が籠城して耐えたが、城下の大半は焼失した。その後、鎮西鎮台が第6師団に改組され、熊本城及びその周辺の市街中心には司令部・兵営・練兵場・病院・兵器弾薬貯蔵施設などが整備され

る。明治後期から城外の軍施設は徐々に熊本市郊外に移転され、大正期には市電も延伸整備された。

熊本市街へのもっとも大規模な空襲は、1945（昭和20）年7月1日深夜の熊本大空襲である。熊本城の南側と東側の2箇所を爆撃中心点とした空襲により市街地は大きな被害を受けた。次いで8月10日にも空襲を受けるが、これは従来のマリアナ諸島からではなく、沖縄から飛来した爆撃機による空襲である。1945（昭和20）年7月5日撮影の空中写真には、熊本城の北東部に建物疎開の防火帯が見られるが、戦後の道路拡幅事業などには転用されていない。

戦後の復興計画の中で、白川沿いの国道3号線の整備や、旧軍施設跡地の転用が進む。1967（昭和42）年に熊本県庁が移転し、その跡地には熊本交通センターが建設されるなど、高度経済期に現在の市街地が形成されたと言える。

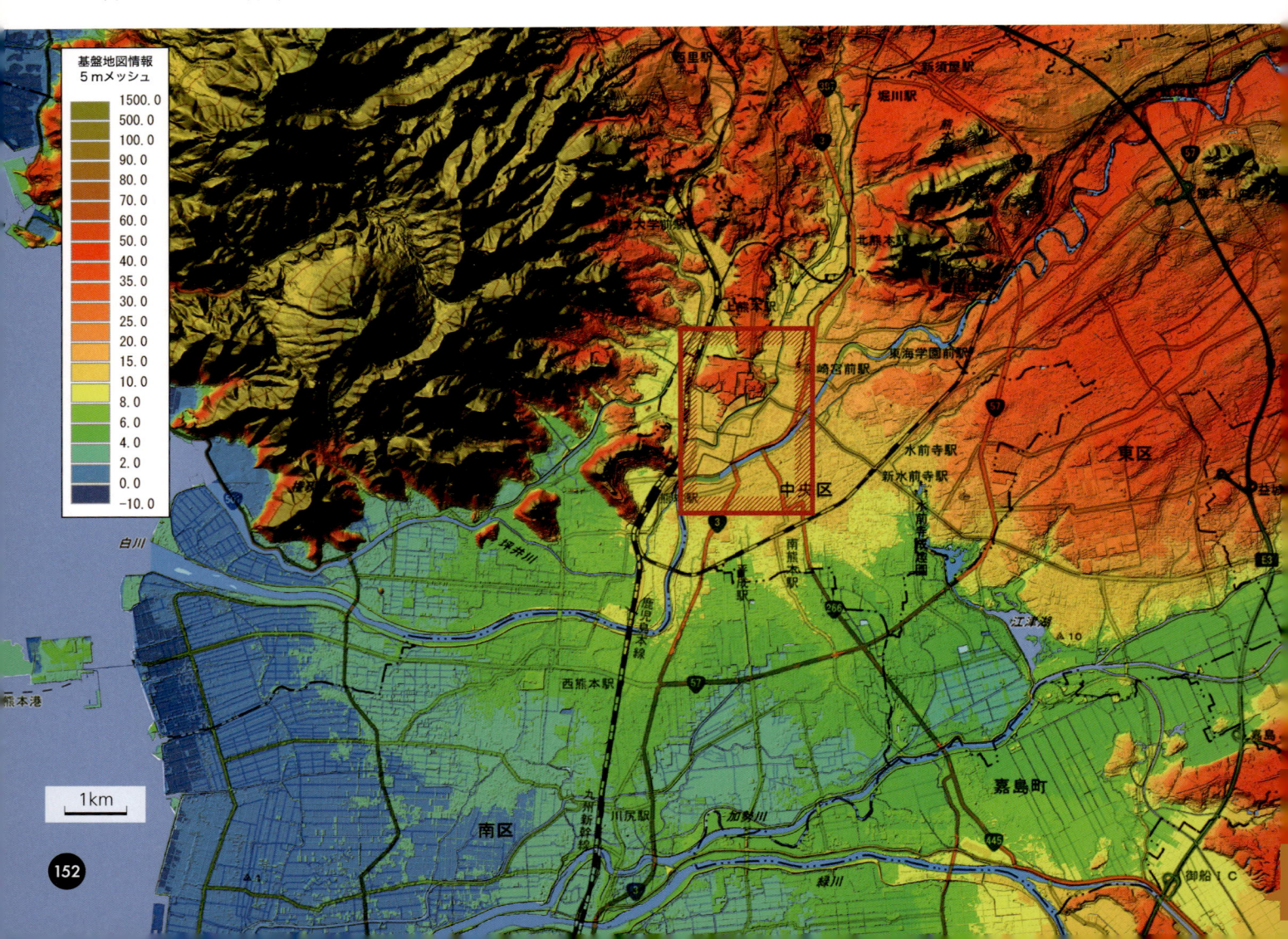

1/1万地形図
「熊本」（平成4年編集）

200m

撮影縮尺：1/8000
国土地理院空中写真
コース：CKU7422-C49、写真番号：14,15,16、1975/3/4
コース：CKU7422-C50、写真番号：13,14,15、1975/3/4
コース：CKU7422-C51、写真番号：12,13,14、1975/3/16

撮影縮尺：1/10000
国土地理院空中写真
コース：MKU622-C16、写真番号：13,14、1962/8/7
コース：MKU622-C17、写真番号：10,11,12、1962/8/7
コース：MKU622-C18、写真番号：11,12,13、1962/8/27

200m

1/1万地形図
「熊本西北部」「熊本東北部」
「熊本西南部」「熊本東南部」（昭和32年測量）

撮影縮尺：1/16000
国土地理院空中写真（米軍撮影）
コース：USA-R153、写真番号：86, 87, 88, 125, 126

200m

撮影縮尺：1/15000
米国立公文書館所蔵米軍撮影空中写真
コース：3PR-21BC-5M317-2V、
写真番号：15ab,16ab,17ab

1/2万5千地形図
「熊本」（大正15年測図）

200m

宮崎 MIYAZAKI

宮崎市街は、日向灘に面する宮崎平野南部にあり、大淀川河口部北岸に位置する。大淀川河口より北側の海岸部は宮崎砂丘と区分され、延長約15kmで奥行き4〜2kmほどの範囲に数列の砂丘が並ぶ。宮崎平野の南側、日南海岸の「鬼の洗濯板」は、陸繋島の青島に分布する隆起波食台で「青島の隆起海床と奇形波蝕痕」として国の天然記念物に指定されている。

宮崎平野一帯は隆起量が大きい地域であり、九州でもっとも段丘地形が発達している。また、後背の火山列から

の火山灰（テフラ）によって段丘などの年代を細かく調べることができるため、段丘地形研究の模式地となっている。宮崎平野一帯の西都原・新田原・糸原など「○○原」と呼ばれる地名は、この段丘面を示しているとされる。

宮崎市街の歴史は、1873（明治6）年、宮崎県の成立にともなって、県庁が大淀川沿いの上別府村に置かれたことに始まる。その後、鹿児島県に合併され、1877（明治10）年の西南戦争を経て、1883（明治16）年に宮崎県が再置される。市街地東部に開業した宮崎駅に、1923（大正12）年日豊本線が開通。旧来の南北方向の橘通から直行して宮崎駅への東西方向の高千穂通が整備され、市街地も広がっていった。

大淀川河口部南側にある宮崎空港は、戦時中、宮崎海軍航空隊の基地であった。米軍は、沖縄戦支援のため1945（昭和20）年4〜5月にかけて数次の攻撃を行い、攻撃対象は宮崎市街にも及んでいた。7月5日撮影空中写真には、宮崎駅南西側や写真左上などの水田に爆撃による丸い穴が写され、市街地もところどころ消失しているのがわかる。その後、沖縄からの爆撃機や戦闘機によって、8月10日と12日に空襲を受け宮崎駅などが焼失、機銃掃射による犠牲もあった。

戦後、宮崎は南国情緒豊かな温暖な気候や、「鬼の洗濯板」を含む多くの観光資源をもとに、1960年代には新婚旅行の一番人気の都市として名を馳せるのである。

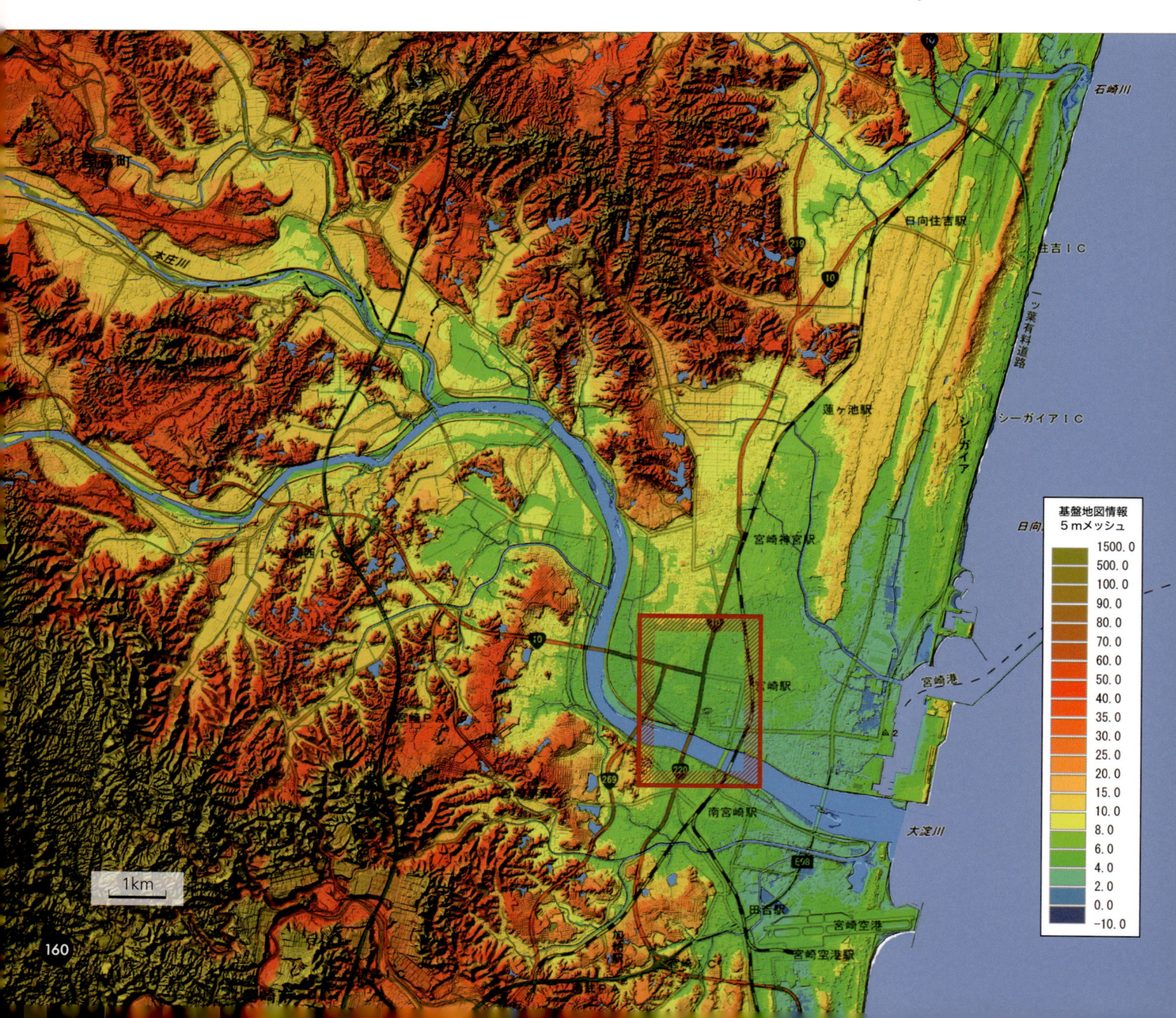

1/1万地形図
「宮崎」「宮崎空港」（平成3年編集）

200m

撮影縮尺：1/8000
国土地理院空中写真
コース：CKU7411-C8、写真番号：25, 26
コース：CKU7411-C9、写真番号：25, 26, 27
コース：CKU7411-C10、写真番号：26, 27, 28

和知川原町
西池町
橘通西
橘通東
丸島町
県営球場

和知川原町
清水一丁目
錦町

穂通
みやざき

県立病院
千草町
広島

南高松町
高松町
老松

元宮町
末広一丁目
西　東
宮田町
別府町

松橋二丁目
県庁
旭
瀬頭

川原町
松山
吾妻町

橘橋
公園
大淀川

学校
木村町

1/2万5千地形図
「宮崎北部」「宮崎」（昭和44年修正）

200m

163

撮影縮尺：1/10000
国土地理院空中写真
コース：MKU6213-C6、写真番号：23, 24
コース：MKU6213-C7、写真番号：14, 15, 16
コース：MKU6213-C8、写真番号：14, 15, 16

1945（昭和20）**年** 7月5日

撮影縮尺：1/15000
米国立公文書館所蔵米軍撮影空中写真
コース：3PR-21BC-5M317-2V、
写真番号：5ab, 6ab, 7ab

200m

消えた地図記号
──あとがきにかえて

本書には、主に昭和期の1万分1地形図と、2万5千分1地形図を掲載しています。その地形図中には現在使われない地図記号もあります。

下の地形図は、46頁の一部で、1935（昭和10）年発行1万分1地形図「大阪首部」「大阪東部」です。戦前の地形図には、軍隊を表す地図記号が多々あります。右は、この地形図中にあって、現在は使われない地図記号の一部です（大きさ、×3.0）。「陸軍所轄」は建物副記号で、例えば「陸軍所轄」と「倉庫」を並べて、建物が陸軍の倉庫であることを表します。また、「火薬庫」は「土圍」で囲まれた建物にあり、火薬庫の周囲に土塁を設けて事故対応している様子がわかります。

地図記号も時代によって遷り変わっていく様子も併せて、本書を御覧いただければ幸甚です。

一般財団法人日本地図センター
小林政能

師団司令部

陸軍の記章の星を二重丸で囲んだもの。

旅団司令部

師団の下の組織、旅団司令部は星を一重丸で囲んだもの。

連隊区司令部

旅団のさらに下部組織の連隊区司令部は星のみ。

陸軍所轄

旧陸軍所管の建物等。M型は陸軍徽章。

憲兵隊

サーベルとピストルを組み合わせたもの。

火薬庫

火の文字の記号化。

病院

旧陸軍の衛生隊の符号。（一部、画像補正）

電話局及自動電話

受信機の形から。現在の公衆電話に相当する。

倉庫

倉庫のうち大きく堅固なもの。倉庫の錠前の形。

垣工牆（かんこうしょう）

切り石、レンガ、土、コンクリート等の塀。

土圍（どい）

土を盛って造った囲い。

柵

柵・垣のこと。

門

門柱の平面形で、真形及び真方向により描く。

独立樹（潤葉）（かつよう）

欅やぶななど、広葉樹の樹形から記号化。

独立樹（鍼葉）（しんよう）

杉、桧など針葉樹の樹形から記号化。

叢樹（そうじゅ）

公園や庭園などに植込まれた小樹木の集合。

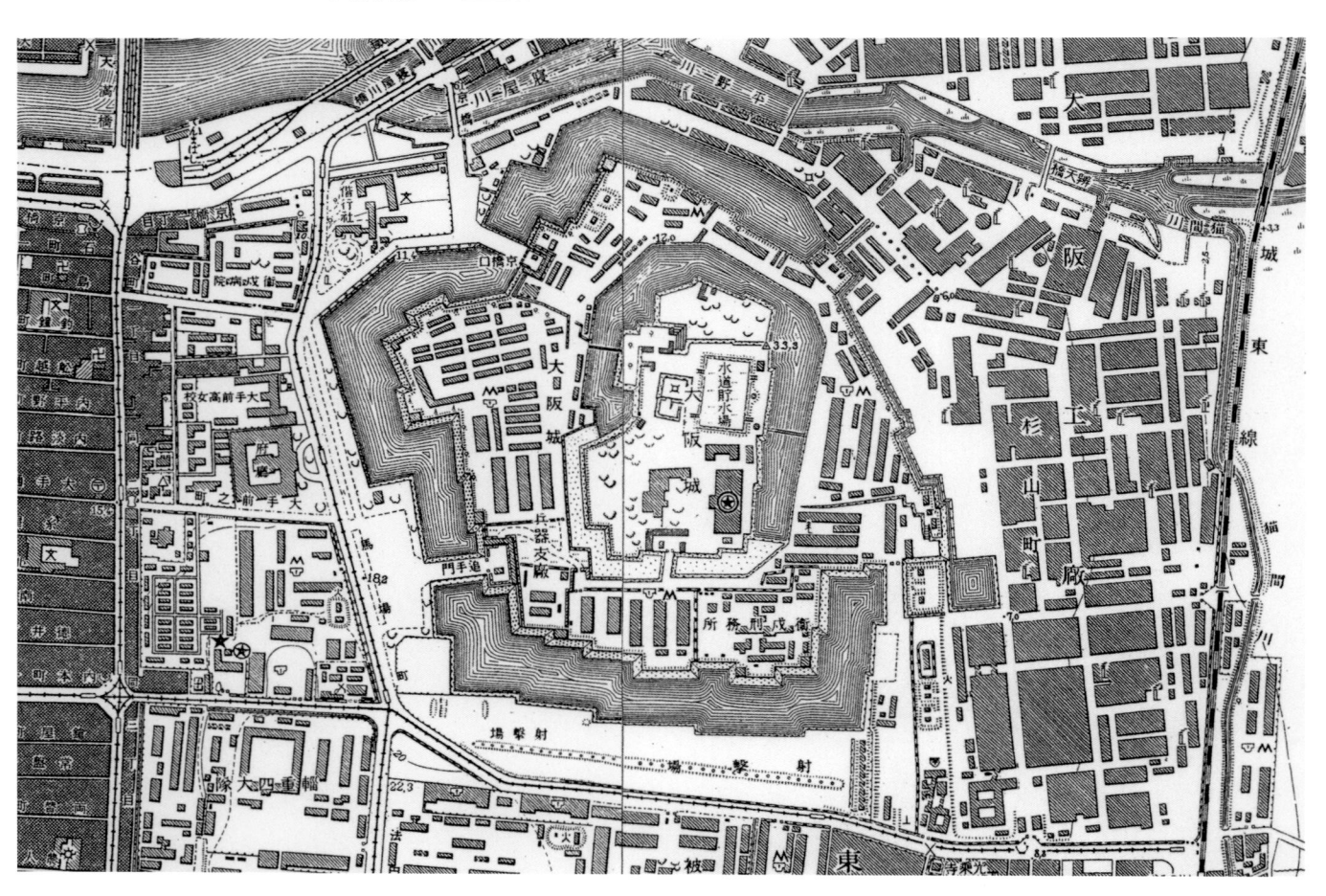

❖ 参考文献

『1945・昭和20年米軍に撮影された日本 空中写真に遺された戦争と空襲の証言』日本地図センター、2015年

『地図記号500』日本地図センター、2015年

『地図と測量のＱ＆Ａ』日本地図センター、2013年

『地図記号のうつりかわり・地形図図式・記号の変遷』日本地図センター、1994年

『日本の地形5 中部』町田洋 他、東京大学出版会、2006年

『日本の地形6 近畿・中国・四国』太田陽子 他、東京大学出版会、2004年

『日本の地形7 九州・南西諸島』町田洋 他、東京大学出版会、2001年

『読みたくなる「地図」東日本編：日本の都市はどう変わったか』平岡昭利、海青社、2017年

『読みたくなる「地図」西日本編：日本の都市はどう変わったか』平岡昭利、海青社、2017年

『国別 藩と城下町の事典』二木謙一、東京堂出版、2004年

『米軍の写真偵察と日本空襲－写真偵察機が記録した日本本土と空襲被害』工藤洋三、自費出版、2011

『原爆投下部隊』工藤洋三、金子力、自費出版、2013

『日本の都市を焼き尽くせ！』工藤洋三、自費出版、2015

『米軍資料 日本空襲の全容 マリアナ基地B29部隊』小山仁示、東方出版（大阪）、2013年

「今昔マップ on the web」、谷謙二、http://ktgis.net/kjmapw/

「Wikipedia」、https://ja.wikipedia.org/

「都道府県ごとの地震活動」、地震調査研究推進本部、https://www.jishin.go.jp/regional_seismicity/

「国内各都市の戦災の状況」、総務省、http://www.soumu.go.jp/main_sosiki/daijinkanbou/sensai/situation/state/i

『1:25,000土地条件図「和歌山」』、国土地理院、2000年

『1:25,000土地条件図「徳島」』、国土地理院、2010年

『土地条件調査解説書「北九州地区」』、国土地理院、2011年

『1:25,000土地条件図「福岡」』、国土地理院、2006年

『1:25,000都市圏活断層図 警固断層帯とその周辺「福岡（改訂版）」「甘木」「脊振山」解説書』、千田昇・堤浩之・後藤秀昭、国土地理院、2014年

『土地条件調査解説書「熊本地区」』、国土地理院、2015年

『1:25,000活断層図「熊本 改訂版」解説』、熊原康博、国土地理院、2017年

『土地条件調査解説書「宮崎地区」』、国土地理院、2013年

『戦争のなかの京都』中西宏次、岩波書店、2009年

「歴史舞台地図追跡 Vol.4 大陸と結ぶ決戦の場 神戸〈其の一〉」谷口榮、地図中心2014年9月号、日本地図センター、2014年

「歴史舞台地図追跡 Vol.5 大陸と結ぶ決戦の場 神戸〈其の二〉」谷口榮、地図中心2014年10月号、日本地図センター、2014年

「歴史舞台地図追跡 Vol.6 大陸と結ぶ決戦の場 神戸〈其の三〉」谷口榮、地図中心2014年11月号、日本地図センター、2014年

「歴史舞台地図追跡 Vol.7 大陸と結ぶ決戦の場 神戸〈其の四〉」谷口榮、地図中心2014年12月号、日本地図センター、2014年

『郷土ひろしまの歴史 II』広島県教育委員会、2014年

「みやざき地質ガイド ― 郷土宮崎を知るツールとしての地質学 ―」赤崎広志、宮崎県文化講座研究紀要、2015年

「B-29部隊の沖縄支援作戦」工藤洋三、空襲通信 第9号、空襲・繊細を記録する会全国連絡会議会報、2007年

『沖縄からの本土爆撃：米軍出撃基地の誕生』林博史、吉川弘文館、2018年a

編者紹介 ··

一般財団法人日本地図センター

一般財団法人日本地図センターは、国土地理院が刊行する地図、空中写真などの複製、頒布をおもな業務としています。また地図に関する情報サービスを総合的に実施するため、地図や地理空間情報の収集、提供、調査研究、普及活動などを行っています。

空中写真に遺された昭和の日本〈西日本編〉
——戦災から復興へ

2018年8月20日第1版第1刷　発行

編　者	一般財団法人日本地図センター
発行者	矢部敬一
発行所	株式会社 創元社

http://www.sogensha.co.jp/
本社　〒541-0047 大阪市中央区淡路町4-3-6
Tel.06-6231-9010　Fax.06-6233-3111
東京支店　〒101-0051 東京都千代田区神田神保町1-2 田辺ビル
Tel.03-6811-0662

印刷所	大日本印刷株式会社

©2018 JAPAN MAP CENTER, Printed in Japan
ISBN978-4-422-22008-6　C2025